D1687420

PAMELA REIF
Strong & Beautiful

Pam ♡

PAMELA REIF

STRONG
— & —
Beautiful

Community EDITIONS

DIESES BUCH MÖCHTE ICH DIR WIDMEN.

Es bedeutet mir so unglaublich viel, dass du mein Buch gerade in deinen Händen hältst und dass du mehr über mich und mein Leben erfahren möchtest. In diese 224 Seiten sind so viele Gedanken, so viel Arbeit und so viel Herzblut geflossen – und jetzt ist der große Augenblick gekommen: Ich kann dieses Buch endlich mit dir teilen. Endlich kann ich dir zeigen, woran ich monatelang mit Leidenschaft gearbeitet habe. Endlich kann ich dir von meinen Erfahrungen berichten, dir praxiserprobte Tipps geben und dir Geheimnisse verraten.

Und das alles nur dank dir! Ohne dich wäre ich nicht die, die ich heute bin – denn du bist Teil meiner treuen Community, Follower und Leser. Ohne dich würde mein Leben ganz sicher vollkommen anders aussehen. Und dafür möchte ich dir von ganzem Herzen danken. Danke, dass ich durch dich – und vor allem mit dir – meinen Traum leben kann.

Pamela ♡

About Pam

WIE ALLES BEGANN ◆ MY STORY ◆ MEINE GEDANKEN ◆ SELBSTBEWUSSTSEIN

◆ 6 ◆

About Fitness

DEN SCHALTER UMLEGEN ◆ DEIN KÖRPER-TYP ◆ EINFACH LOSLEGEN ◆ BLEIB MOTIVIERT ◆ GESUNDE ERNÄHRUNG ◆ REZEPTE ◆ WORKOUT ◆ REGENERATION ◆ FIT AUF REISEN

◆ 22 ◆

About Style

SCHÖNHEIT KOMMT VON INNEN ◆ FASHION ◆ PFLEGE ◆ BEAUTY ◆ MAKE-UP ◆ HAARE

◆ 116 ◆

About Life

VOM HOBBY ZUM BERUF ◆ INSTAGRAM-STORY ◆ WANDERLUST ◆ MEINE COMMUNITY ◆ MEINE INSPIRATION ◆ MEINE TRÄUME

◆ 182 ◆

About Pam

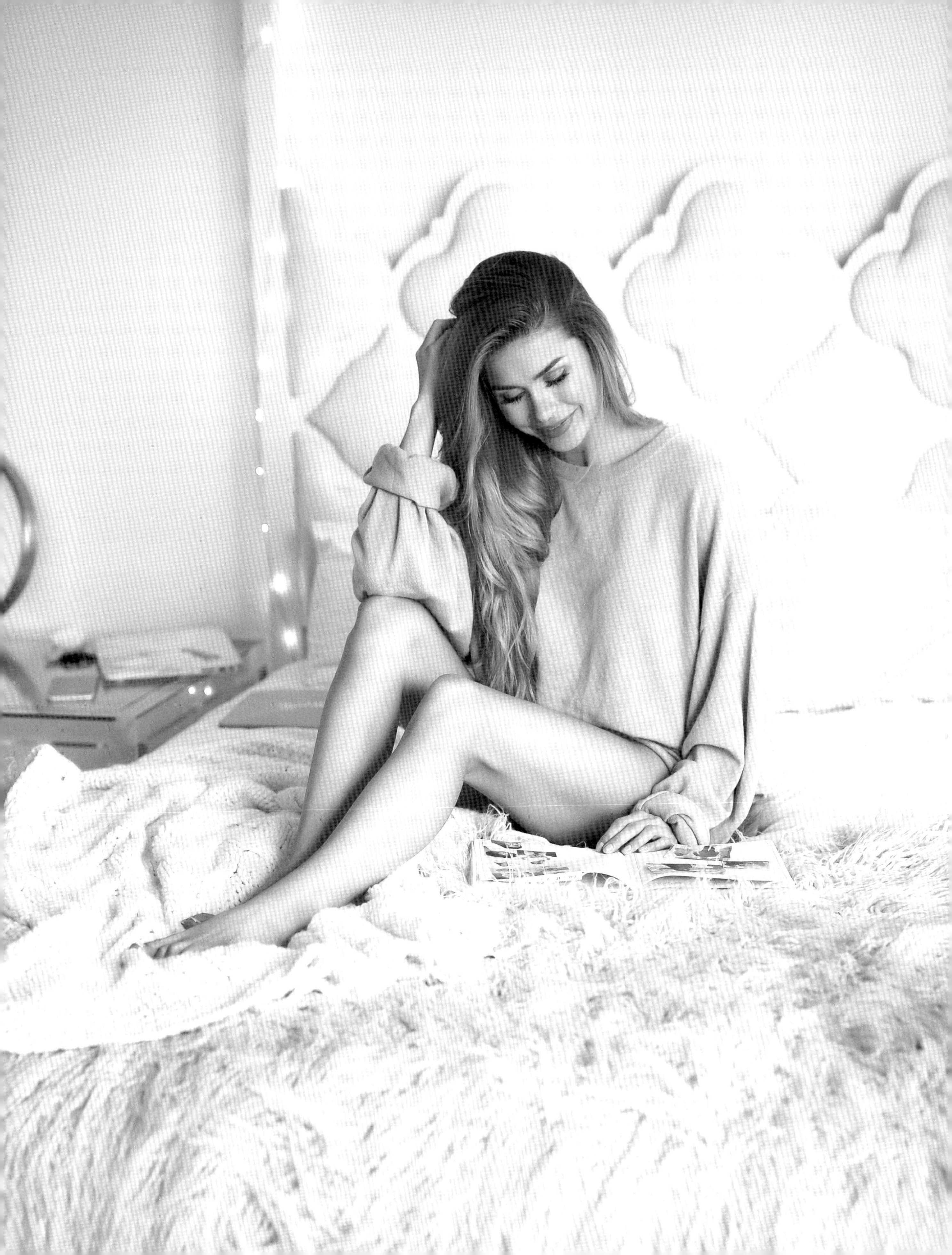

Wie alles begann

»MEINE KINDHEIT«

ICH BIN UNHEIMLICH GLÜCKLICH DARÜBER, DASS MEINE BILDER TÄGLICH MILLIONEN VON MENSCHEN ERREICHEN.

… das waren Jahre voller schöner Momente, die ich unbeschwert und familiär geborgen genossen habe. Dafür bin ich sehr dankbar. Für mich gab es keine Träume, die unerreichbar schienen. Als Kind träumt man ja gern von wunderschönen Welten, in denen man genau das tun kann, was man am liebsten mag. Zu träumen und sich von seinen Träumen beflügeln zu lassen – das ist etwas aus meiner Kindheit, was ich mir bis heute bewahrt habe. Ich liebe es, mir Dinge detailliert auszumalen und dann zielstrebig dafür zu arbeiten, dass meine Träume Wirklichkeit werden. Einer meiner größten Wünsche, nämlich viele Menschen mit meiner Leidenschaft zu erreichen, hat sich erfüllt: Ich bin unheimlich glücklich darüber, dass ich täglich mit Millionen von Menschen neben meinem Leben auch meine Bilder und Videos teilen kann.

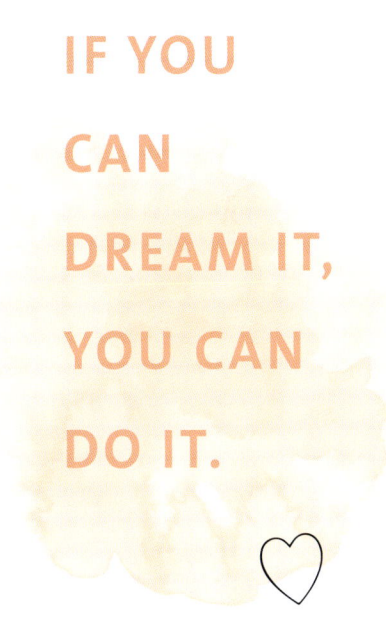

IF YOU CAN DREAM IT, YOU CAN DO IT.

My Story

KINDHEIT UND JUGEND

> IT'S THE LITTLE MEMORIES THAT WILL LAST A LIFETIME.

Wenn ich an meine Kindheit und Jugend denke, erscheinen einzelne Momente wie im Spotlight: Es gibt so viele Begegnungen und Augenblicke, die mich geprägt haben und mich zu der Person gemacht haben, die ich heute bin.

MEINE FAMILIE ♡

Aber fangen wir einmal ganz von vorn an: Geboren wurde ich 1996 in Karlsruhe als zweites Kind einer Unternehmerfamilie. Meine Eltern sind als Paar in zwei ganz unterschiedlichen Branchen aktiv: Mama und Papa haben nämlich eine edle Boutique für High-End-Fashion, die sie von meinen Großeltern übernommen haben. Außerdem führen sie ein kleines, charmantes Familienrestaurant. Meine Eltern waren schon immer sehr fleißig und zielstrebig. Diese Charaktereigenschaften habe ich definitiv von ihnen geerbt: Als Kind muss ich mir wohl schon klare Ziele gesetzt haben, wie zum Beispiel »in diesem Urlaub lerne ich schwimmen« oder »ich möchte lesen können, bevor ich in die Schule komme«. Gesagt, getan!

Mit meinem Bruder habe ich seit Kindertagen ein sehr enges Verhältnis, obwohl uns ein Altersunterschied von 6 Jahren trennt. Ich liebe ihn über alles – egal, was ist und kommen mag. Er stand mir schon als Kind sehr oft zur Seite – und das setzt sich bis heute fort: So unterstützt mich mein großer Bruder beispielsweise als Kameramann bei vielen meiner neuen Fotos und Videos.

Als kleines Mädchen war ich auch immer mit meinen Eltern und meinem Bruder unterwegs und habe ausgeholfen, wenn es nötig war. Zusammenhalt und gegenseitige Unterstützung wurden und werden bei uns in der Familie nicht nur großgeschrieben, sondern auch wirklich gelebt.

Im Modegeschäft meiner Eltern liebte ich es, die wunderschönen Kleidungsstücke und Accessoires anzuprobieren. Ich spielte gern »Erwachsensein« und schminkte mich auch zu Hause total gern mit Mamas Make-up. Fashion und Beauty waren eben schon meine Welt, bevor ich überhaupt wusste, wie diese Themen im 21. Jahrhundert mal benannt werden würden.

MEINE KINDERGARTEN- UND SCHULZEIT

In den Kindergarten bin ich immer gern gegangen. Der nächste Step war dann die Schule. Darauf habe ich mich schon im Kindergarten gefreut und die Vorfreude hat sich bestätigt! Ich war von Anfang an eine fleißige Schülerin, hatte ein super Verhältnis zu meinen Lehrern und setzte mir als Ziel, immer gute Noten zu schreiben. Ich habe mich deshalb nicht nur in meinen Lieblingsfächern Mathe, Englisch und Kunst angestrengt, sondern auch in Fächern, die mir eigentlich nicht besonders lagen.

WITZIG IST, DASS AUSGERECHNET SPORT MEIN SCHLECHTESTES FACH WAR.

Kannst du dir das vorstellen? Ballsportarten und Leichtathletik waren einfach nicht so meins. Aber man sieht ja, dass dies nichts heißen muss …

Als Kind und Jugendliche war ich eher ruhig und zurückhaltend, sogar etwas schüchtern. Meine Mama hat mir mal erzählt, dass ich in der Grundschule gern neben »Problemkinder« gesetzt wurde, weil ich einen beruhigenden Einfluss auf sie hatte. Aber meine Schüchternheit hat mich auch vor Herausforderungen gestellt: Wenn es beispielsweise darum ging, vor der Klasse zu stehen und Referate zu halten. In diesen Momenten haben mich diese ganzen neugierigen Augen, die auf mich gerichtet waren, irritiert und auch unter Druck gesetzt. Und das, obwohl ich mir sicher war bei dem, was ich vortragen wollte. Aber die Selbstüberwindung, trotzdem mein Ding durchzuziehen, hat mich mit der Zeit auch stark gemacht.

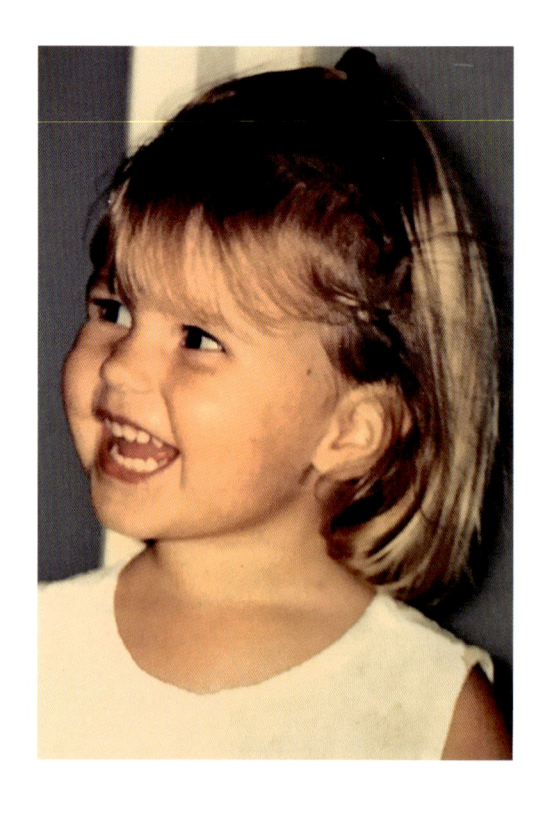

ECHTE FREUNDE
Glücklicherweise hat mich meine Zurückhaltung auch nie daran gehindert, schnell Freundschaften zu knüpfen.

ICH WAR NIE MIT JEDEM BEFREUNDET, SONDERN HATTE WENIGE, SEHR ENGE FREUNDE.

Die waren mir schon immer die liebsten. Eben Freunde, denen man alles anvertrauen kann und die immer für einen da sind. Noch heute habe ich engen Kontakt mit meiner besten Schulfreundin aus der Oberstufenzeit.

MEINE HOBBYS

Die Schule hatte für mich immer erste Priorität. Doch für meine ganzen Hobbys fand ich trotzdem Zeit. Am liebsten bin ich mit dem Hund von Freunden der Familie spazieren gegangen. Vor allem in der Grundschulzeit war es mein größter Traum, ein Pferd und einen Hund zu haben. Häufig habe ich meine Eltern angefleht, aber im Nachhinein betrachtet hatten sie dann doch recht: Platz für ein Tier gab es in unserer Wohnung in der Karlsruher Innenstadt nicht und von Grünflächen waren wir blöderweise auch nicht umgeben.

Deshalb habe ich gerne auf die Hunde unserer Freunde oder Nachbarn aufgepasst. Zum Leidwesen meiner Eltern bin ich außerdem jeden Sonntagmorgen mit Hunden aus dem Tierheim spazieren gegangen. Heute wünsche ich mir übrigens immer noch zutiefst einen Hund, aber mal gucken, wann ich mir diesen Wunsch erfüllen kann.

Es klingt vielleicht etwas ungewöhnlich: Als Kind habe ich es geliebt zu gärtnern. Da wir in der Innenstadt keinen richtigen Garten hatten, habe ich eben Blumen und Kräuter auf unserem Balkon angepflanzt. Mein grünes Paradies habe ich gehegt und gepflegt.

I LOVE SPORTS

Bis ich ungefähr 10 Jahre war, wollte ich unbedingt klassische Tänzerin werden, also eine wahre Ballerina. Am meisten gefiel mir das Edle und Graziöse am Ballett, aber ich stellte bald fest, dass mir genau das nicht so liegt. Diese Einsicht brachte mich unter anderem zum Hip-Hop.

Und so begann eine unglaubliche Zeit: Neue Choreografien einzustudieren und ganz viele tolle Leute kennenzulernen hat mir viel Spaß gemacht. Unsere Gruppe war auch wirklich sehr gut, wir schafften es auf das Siegertreppchen vieler Meisterschaften. Aber wie es oft so ist im Leben – irgendwann war diese Zeit vorbei. Mit 16 ließ ich nach und nach den Hip-Hop hinter mir. Ich wollte mich mehr auf mich selbst konzentrieren. Das war auch die Zeit, in der ich langsam meine Leidenschaft fürs Fitnesstraining entdeckte.

UNVERGESSLICHE FAMILIEN-URLAUBE

Zu meinen schönsten Kindheitserinnerungen gehören unsere Familienurlaube. Mein Vater hat seine Liebe zum Meer meinem Bruder und mir weitergegeben und so waren wir früher oft in der Karibik segeln. Einfach traumhaft. Auch mit dem Wohnmobil waren wir unterwegs. Wir liebten Roadtrips und waren immer auf der Suche nach neuen Abenteuern. Einmal sind wir von Los Angeles durch die Rocky Mountains bis nach Vancouver gefahren. Das werde ich nie vergessen. Wir haben gemeinsam einen Teil der Welt bereist und das hat uns als Familie sehr zusammengeschweißt. Und heute bin ich dankbar dafür, dass mein Job es mir ermöglicht, weiter zu reisen.

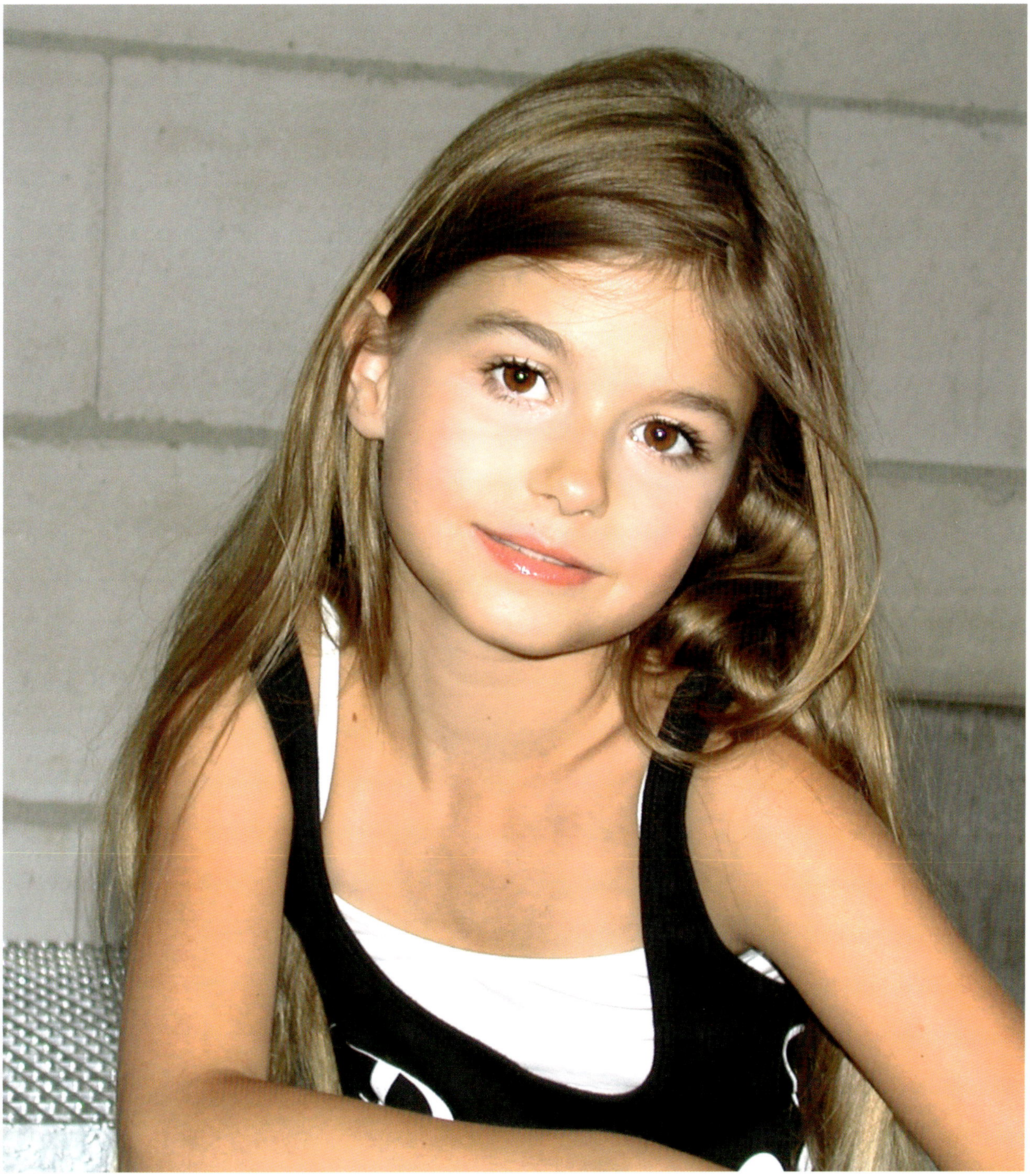

Meine Gedanken
STAY POSITIVE

Eigentlich fällt es mir relativ schwer, meine guten und schlechten Seiten objektiv zu beschreiben. Wenn ich aber eine gute Charaktereigenschaft von mir hervorheben müsste, würde ich definitiv sagen, dass ich durchaus ein sehr fröhlicher und optimistischer Mensch bin. Meine Eltern erzählen gern, dass ich immer ein gut gelauntes Kind war. Natürlich habe ich als Kind auch schon Negatives wahrgenommen, aber ich lasse mich einfach nicht schnell unterkriegen und versuche, wirklich immer die guten Dinge in jeder Situation zu sehen.

MACH DAS BESTE AUS JEDEM TAG!

Mal ganz ehrlich: Auch ich habe schlechte Tage – wie alle anderen Menschen. Aber ich kann nur jedem raten: Lass dich von niemandem in einen Sumpf von negativen Gedanken hineinziehen! Daraus kommst du nicht mehr so leicht raus. Mir ist es zum Beispiel sehr wichtig, mich mit guten, positiven Menschen zu umgeben. Ich verbringe meine Freizeit und auch meine Arbeitszeit mit Menschen, die mich inspirieren und mir ein gutes Gefühl vermitteln. Wenn deine besten Freunde sich immer über alles beschweren oder einfach an allem was zu meckern haben, dann wirst du dich auf lange Sicht von diesen Eigenschaften anstecken lassen. In dem Fall ist es am besten,

> **SORGEN LÖSEN NICHT DIE PROBLEME VON MORGEN, SIE NEHMEN DIR DIE GELASSENHEIT VON HEUTE.**

du machst sie darauf aufmerksam – denn dafür sind wahre Freunde doch da! Übertrage lieber deine positive Art auf sie :)

WAS TUN BEI SCHLECHTER LAUNE?
Kennst du den Spruch »Du bekommst, was du gibst«? Da ist wirklich was dran. Ist dir schon einmal aufgefallen, dass Leute viel netter zu dir sind, wenn du selbst gut gelaunt bist? Was du ausstrahlst, überträgt sich einfach auch auf andere. Manche sind vielleicht etwas resistenter, aber früher oder später zahlt sich deine positive Einstellung auf jeden Fall aus.

Du wirst denken, leichter gesagt als getan! Auch mir fällt es sehr schwer, diese ganzen guten, positiven Gedanken nach außen zu transportieren, wenn ich mal richtig schlecht drauf oder einfach nur traurig bin. Solche Tage sind auch Teil des Lebens und wir müssen sie überhaupt nicht unter den Teppich kehren und so tun, als gäbe es sie nicht. Die Frage ist: Wie gehe ich damit um? Akzeptiere die Tatsache, dass du einen schlechten Tag hast, und frage dich, was der Grund dafür ist. Kannst du etwas an deinem Unwohlsein ändern oder ist es vielleicht nur eine Einstellungsfrage? In solchen Fällen mache ich meine Lieblingsmusik an, gehe eine oder zwei Runden um den Block oder genieße einfach einen Powernap. Frische Luft und ein kurzer Tapetenwechsel genügen manchmal schon! Wichtig ist einfach, dass du anderen die Stimmung nicht vermiest, nur weil du einen schlechten Tag hast. Gehe lieber ein wenig auf Abstand, als deine Laune an anderen auszulassen. Aber im besten Fall läuft es andersrum und deine Freunde oder Kollegen lassen dich ganz schnell vergessen, dass du eigentlich schlecht drauf bist.

BITTE LÄCHELN!
Versuche, insgesamt mehr zu lächeln. Das ist ein sehr wertvoller Tipp, den ich auch täglich versuche umzusetzen. Arbeite an einem freundlicheren Gesichtsausdruck – so komisch das auch klingen mag. Manchmal merke ich zum Beispiel gar nicht, dass ich, wenn ich ernst oder konzentriert bin, sehr böse gucken kann. Dabei ist das überhaupt nicht beabsichtigt. Je mehr du lächelst, desto positiver wirst du.

Selbstbewusstsein

LERNEN, STARK ZU SEIN

Nicht nur für meinen Job als Social-Media-Persönlichkeit ist es wichtig, selbstbewusst zu sein. Ich muss zugeben, dass ich damit teilweise auch meine Probleme hatte. Ich kann mich selbst noch sehr gut daran erinnern, wie aufgeregt ich war, bevor ich einen Vortrag in der Schule halten musste. Glaub mir, das geht nicht nur dir so. Aber wenn du positiv denkst und an dich glaubst, schaffst du es mit links! Und den Vortrag musst du ja so oder so halten – daran führt kein Weg vorbei. Also, steh lieber mit Selbstbewusstsein vor der Klasse und überzeug alle von dir und deinem Wissen! Übung macht den Meister – und mit der Zeit wird dir das Sprechen vor vielen Personen leichter fallen.

ERKENNE OPTIMIERUNGSPOTENZIALE UND ARBEITE DARAN

Schlimmer als vor Publikum zu sprechen war es für mich, allein vor einer Kamera zu sprechen. Deswegen fiel es mir früher schwer, YouTube-Videos zu drehen. Vielleicht fällt dir das Sprechen »mit« der Kamera leichter und du kannst so an deinem Auftreten arbeiten? Mir hat es sehr geholfen, bei Vorträgen gefilmt zu werden und nachher die Aufnahmen auszuwerten. Während des Vortrages konzentrierst du dich natürlich eher auf den Inhalt und merkst vielleicht gar

> **SHE BELIEVED SHE COULD, SO SHE DID.**

nicht, wie sich deine Haltung verändert und ob du hin- und hertippelst. Ich glaube, niemand mag es gern, ein Video von sich zu sehen und seine eigene Stimme zu hören. Aber sei nicht zu selbstkritisch! Du kannst dir auch Feedback von Personen aus deinem Umfeld einholen. Natürlich wirst du Fehler machen, es ist nur wichtig, diese zu erkennen, daraus zu lernen und sie in der Zukunft dann zu vermeiden.

KRITIK UND FEHLER BEDEUTEN EIGENTLICH NUR, DASS DU AN DIR ARBEITEN KANNST UND EINEN WEITEREN SCHRITT NACH VORN MACHST!

10 TIPPS, UM DEIN SELBSTBEWUSSTSEIN ZU STÄRKEN!:

1. Versuche, lauter und ruhiger zu sprechen – deine Stimme hat große Auswirkungen auf dein Auftreten.

2. Achte auf deine Körperhaltung – eine offene und aufrechte Körperhaltung wirkt viel stärker als eine gekrümmte Haltung.

3. Lächle! Das gibt dir ein positives Gefühl und wirkt auf andere offen und sympathisch.

4. Trage deine Lieblingskleidung! Worin fühlst du dich am wohlsten? Dein Wohlbefinden wird man dir ansehen.

5. Vergleiche dich nicht mit anderen! Du bist einzigartig und keine Kopie.

6. Erkenne deine Stärken! Nutze deine Möglichkeiten und Fähigkeiten und stelle diese in den Vordergrund.

7. Schlaf genug! Schlaf wird so oft unterschätzt. Ausgeschlafen fühlst du dich nicht nur viel fitter, du strahlst es auch aus!

8. Höre deine Lieblingssongs! Wir verknüpfen schöne Erinnerungen mit Musik. Erstell dir eine Playlist mit all diesen Songs.

9. Setze dir kleine Ziele! Versuche, deine Ziele in kleinen Schritten zu erreichen, um mehr Erfolgserlebnisse zu haben.

10. Love yourself! Lerne, mit dir selbst zufrieden zu sein und dich zu akzeptieren.

FÜHRE DIR VOR AUGEN, WAS DU SCHON ALLES ERREICHT HAST!

Für dein ganzes Leben ist es wichtig, ein gesundes Selbstbewusstsein zu haben. Mit »gesund« meine ich, dass du dennoch selbstkritisch und offen für Kritik anderer bist. Für dein Selbstbewusstsein ist es auch ganz entscheidend, dass du mit dir selbst zufrieden bist. Und zufrieden mit sich selbst ist man nur, wenn man sich selbst akzeptiert. Mehr noch: Man muss sich selbst lieben, um auch von anderen geliebt werden zu können. Davon bin ich überzeugt! Wir alle können uns zwar nicht aussuchen, als welche Person wir geboren werden, aber wir können das Beste daraus machen. Für die meisten hat ein starkes Selbstbewusstsein größtenteils etwas mit dem Aussehen zu tun. Das Erreichen von Zielen stärkt dein Selbstbewusstsein aber mindestens genauso. Was hältst du davon, dir zu Hause ein Board anzulegen, auf das du deine Ziele schreibst oder aufklebst? Immer wenn du ein Ziel erreicht hast, hakst du es ab oder klebst Fotos davon auf.

Manchmal vergisst man auch leicht, was man bereits erreicht hat, wenn man sich mit anderen vergleicht. Du kennst das bestimmt: Man trifft jemanden, den man lange nicht gesehen hat, und alles, was er dir erzählt, klingt ganz großartig. In diesem Moment kommt dir diese Person so selbstbewusst und erfolgreich vor und du gehst total verunsichert aus dem Gespräch. Das ist ein großer Fehler! Sich an anderen Personen zu orientieren, sich ähnliche Ziele zu setzen und einen Lebensweg zu bewundern ist wichtig, aber sich dadurch selbst schlechter zu fühlen ist falsch. Du kannst dich gar nicht mit anderen vergleichen, du bist eine ganz andere Person mit anderen Wünschen und Zielen. Wenn du dich immer nur vergleichst, wirst du dich nie richtig akzeptieren. Du wirst dich womöglich minderwertig fühlen und deine eigenen Erfolge nicht genießen können. Findest du dich darin wieder? Dann musst du dir das dringend abgewöhnen!

STAY TRUE TO YOURSELF

Meine Freunde fragen mich oft, wie ich damit umgehe, dass mich viele Menschen auch sehr negativ beurteilen. Die Lösung ist ganz einfach: Ich lasse dies nicht an mich heran. Frage dich, ob es sich bei der Meinung einer anderen Person um Kritik handelt und diese Person dir damit helfen will oder ob es einfach eine Beurteilung ist, die dich kränken soll.

Mein Selbstbewusstsein hat sich sehr verändert, seitdem ich in der Öffentlichkeit stehe. Ich musste erst einmal lernen, dass es Personen gibt, die einen mit ihren Aussagen einfach nur verletzen und niedermachen wollen. Aber wie dem auch sei, mit der Zeit wird man stärker. Mache dir bewusst, dass deine Persönlichkeit, dein Aussehen oder deine Meinung nicht jedem gefallen wird. Aber das muss es auch gar nicht.

WENN MAN IMMER VERSUCHT, SICH ANDEREN ANZUPASSEN, VERLIERT MAN MIT DER ZEIT DIE ECKEN UND KANTEN, DIE EINEN EIGENTLICH AUSMACHEN.

Es ist ganz normal, dass dich nicht jeder mögen wird, aber deswegen musst du dich ganz sicher nicht ändern!

About Fitness

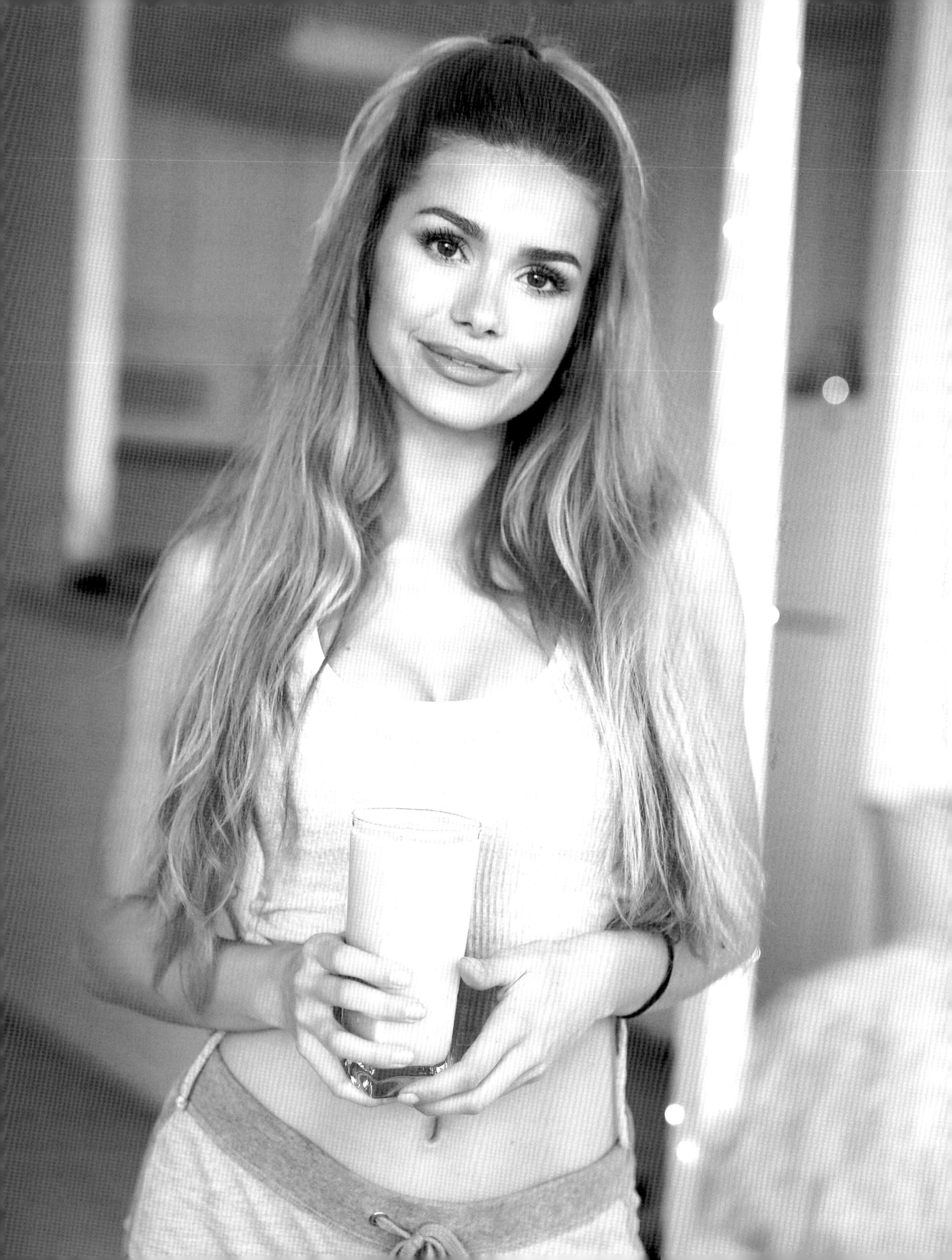

Den Schalter umlegen

—

»TÄGLICH GESUND LEBEN«

FÜR VIELE FRAUEN STEHT ABNEHMEN AN OBERSTER STELLE, WENN ES UM IHREN KÖRPER GEHT.

Mir geht es dagegen vor allem um eine gesunde Lebenseinstellung und nicht ums Abnehmen (ich habe durch mein Training sogar ein paar Kilos zugenommen – aber dazu komme ich noch später). Es gibt eine ganz einfache Frage, die ich mir stelle und die auch du dir stellen solltest. Sie lautet:

BIN ICH FIT?

Denn nur, wenn ich fit bin, habe ich genug Energie für alles, was ich mir vorgenommen habe. Wenn ich mir das vor Augen führe, bin ich gleich motivierter. Probier's mal aus – stell dir vor, was du alles machen kannst, wenn du nicht müde, sondern voller Energie bist. Und: schon motiviert? Dann müssen wir jetzt »nur« noch die Herausforderung annehmen und diese neue Einstellung auch durchziehen. Los geht's!

MAKE YOUR DREAMS HAPPEN.

Dein Körper-Typ

JEDER IST ANDERS

DON'T FORGET TO LOVE YOURSELF.

Als ich anfing, mich mit dem Thema Fitness und Training zu beschäftigen, habe ich viel über die verschiedenen Körperbautypen (auch Somatotypen genannt) gelesen. Davon gibt es insgesamt 3. Man unterscheidet zwischen ektomorph, mesomorph und endomorph. Schnell ist mir klar geworden, dass ich zum ersten Typ gehöre. Schon als Kind war ich sehr dünn, obwohl ich viel gegessen habe und von meiner Mama immer das größte und leckerste Pausenbrot mitbekam. Bei meinem Typ geht es also nicht darum, abzunehmen, sondern durch Kraftsport an den Stellen zuzulegen, an denen ich es mir wünsche.

WELCHER SOMATOTYP BIST DU?

Das ist vor allem genetisch bedingt. Deshalb ist es ganz wichtig zu wissen, was die jeweiligen Typen bedeuten, was sie können und was man machen kann, um seine Figur zu optimieren.

DER EKTOMORPHE TYP hat einen zierlichen Körperbau und sehr wenig Körperfettanteil. Er ist schlank und eher schmächtig. Der Vorteil ist, dass der Ektomorphe aufgrund seines eher uneffektiven

Energieverbrauchs kaum Fett ansetzt. Nachteilig wirkt sich aus, dass es sehr schwierig für ihn ist, einen effektiven Muskelaufbau zu betreiben. Das gelingt ihm nur mit einer erhöhten Zufuhr an Nahrungsenergie.

DER MESOMORPHE TYP hat großes Glück – er hat das ideale Verhältnis zwischen Muskelmasse und Körperfett. Mit seinen ausgeprägten und kräftigen Muskeln hat er eher eine athletische Figur und kann auch effektiv trainieren. Sein Schwachpunkt können kleine Fettpölsterchen rund um den Bauch sein. Bei der Ernährung sollte er darauf achten, viel Eiweiß zu sich zu nehmen.

DER ENDOMORPHE TYP hat in allem die Nase vorn. Er kann extrem schnell Muskeln aufbauen, aber leider genauso schnell auch Fett ansetzen. Der Endomorphe muss darauf achten, dass er sich an seinen Ernährungsplan hält und dadurch ein tägliches Energiedefizit erreicht. Low Carb (so wenig Kohlenhydrate wie möglich) ist für ihn ideal.

Neben diesen 3 Typen, die der US-amerikanische Mediziner und Psychologe William Sheldon 1942 definierte, gibt es auch Mischtypen, also Menschen, die den 3 Typen nicht klar zugeordnet werden können.

SPARGEL, APFEL & BIRNE

Vielleicht hast du von den umgangssprachlichen Begriffen Spargel, Apfel und Birne gehört. Die beziehen sich auch auf die Figur. Der Spargel hat eine schlanke Statur und muss deutlich mehr Energie aufnehmen, um Muskeln aufzubauen. Der Apfel hat eine gute Veranlagung, muss aber unbedingt auf ein ausgewogenes Training achten, sonst ist er schnell ungleichmäßig proportioniert. Die Birne muss leider sehr auf ihre Ernährung achten. Sie kann sich zwar körperlich gut und gleichmäßig entwickeln, aber auch sehr schnell Fett anbauen.

WAS WIRKLICH WICHTIG IST

Egal, wie du deinen Körperbau bezeichnest: Du solltest immer daran denken, dass du ihn verbessern und optimieren, aber nicht ändern kannst. Es macht daher auch gar keinen Sinn, sich ein Foto von einem Model an den Kühlschrank zu hängen und diesen Körper als Ziel anzustreben. Denn das wäre gar nicht realistisch: Wenn man seine Ziele trotz hartem Training und strenger Diät nicht erreicht, ist man irgendwann nur enttäuscht und demotiviert. Daher: Mach das Beste aus deinem Körper und vergleiche dich nicht zu viel.

Einfach loslegen

START NOW

DON'T CALL IT A DREAM, CALL IT A PLAN.

Der innere Schweinehund ist der größte Feind, wenn es um die eigene Fitness geht. Sein bester Freund ist die Aufschieberitis. Wie oft liest oder sieht man etwas und denkt sich: Das probiere ich auch mal aus ... irgendwann. Und dann kommen der Alltag und die Schule, das Studium oder die Arbeit dazwischen – und plötzlich sind die ganzen guten Vorsätze irgendwie vergessen. Dafür gibt es nur eine Lösung. Einfach loslegen! Du musst es nur einmal schaffen, deinem inneren Schweinehund einen kräftigen Tritt in den Allerwertesten zu geben und schon fängt er an zu schrumpfen und wird immer kleiner. Irgendwann ist er dann ein süßes Schoßhündchen – versprochen :)

Mich fragen immer wieder Leute, wie ich es geschafft habe, so auszusehen und so fit zu sein. Wenn man Bilder von mir sieht, vermitteln diese nicht, wie viel Arbeit und Zeit dahintersteckt. Aber von nichts kommt nichts. Ich habe vor einigen Jahren mit dem Tanzen aufgehört und angefangen, ins Fitnessstudio zu gehen und dort Krafttraining zu machen. Seitdem trainiere ich

4 Tage in der Woche circa eine Stunde lang. Außerdem achte ich sehr stark auf meine Ernährung – das eine geht für mich nicht ohne das andere.

HAVE FUN

Es ist sehr wichtig, dass du eine Sportart findest, die dir großen Spaß bereitet. Vielleicht gefällt es dir total gut, wenn du jeden 2. Tag für eine Stunde joggen gehst und an der frischen Luft deinen Kopf freibekommst und den ganzen Gedanken und Sorgen einfach davonläufst. Oder vielleicht ist auch Yoga genau dein Ding? Viel Ruhe, sanfte Bewegungen und bewusstes Atmen. Ich habe viele Jahre lang getanzt. Relativ schnell kamen die Meisterschaften und mit ihnen auch der Druck. Und auch der Teilnahmezwang wurde irgendwie immer größer. Das hat mir den Spaß genommen und irgendwann hatte ich keine große Freude mehr am Tanzen. Ich bin ein freiheitsliebender Mensch: Ich muss flexibel sein und mein eigenes Ding machen können. Deshalb habe ich nach vielen Jahren mit dem Tanzen aufgehört und mit dem Krafttraining angefangen. Da konnte ich gehen, wann ich wollte, und das trainieren, was ich wollte, und auch so trainieren, wie ich wollte. Genau mein Ding also. Ich liebe es mittlerweile so sehr und kann mir ein Leben ohne gar nicht mehr vorstellen.

ICH BIN MIR SICHER, DASS DU AUCH EINE SPORTART FINDEST, DIE DIR WIRKLICH SPASS MACHT.

Dann ist es auch viel leichter, damit anzufangen und am Ball (oder an den Gewichten …) zu bleiben.

FIND YOUR RHYTHM

Wenn du bei null mit dem Training anfängst, musst du dir Zeit lassen. Oft nimmt man sich ganz viel vor, ist hoch motiviert und stürzt sich dann zu 100 Prozent hinein. Doch nach kurzer Zeit ist die Luft auf einmal komplett raus und die Motivation verflogen. Einfach, weil man sich total übernommen hat. Als Einsteiger darfst du nicht gleich 5 Tage die Woche ins Fitnessstudio rennen und versuchen, mit den Fortgeschrittenen mitzuhalten. Das ist nicht

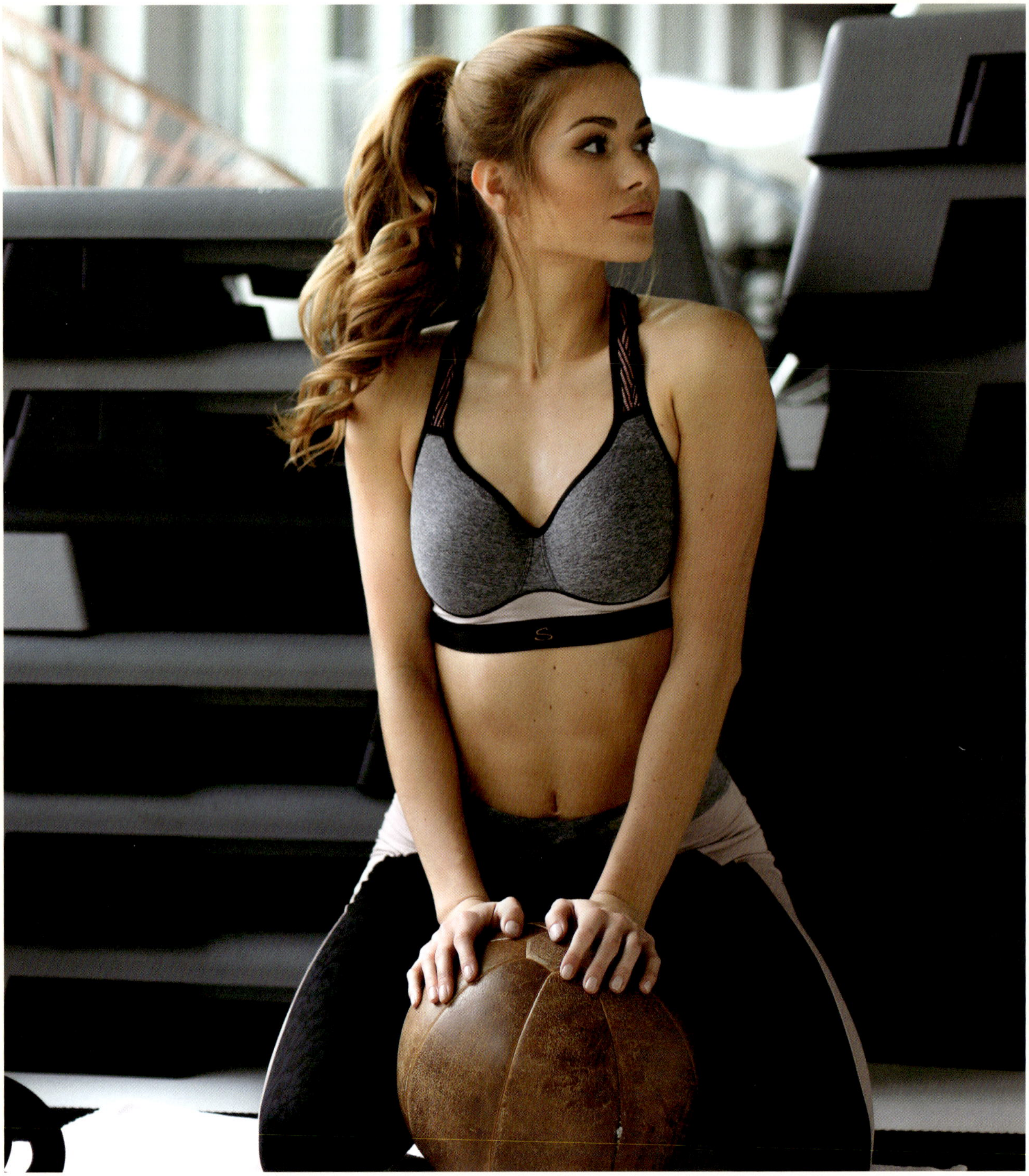

gut für deinen Körper. Gib ihm Zeit, sich an den neuen Sport zu gewöhnen, steigere dich dann langsam immer wieder etwas mehr und finde schlussendlich deinen ganz eigenen Rhythmus. Wenn andere schneller ihr Ziel erreicht haben oder es scheint, dass sie viel schneller Fortschritte machen als du, dann lass sie. Jeder hat sein eigenes Tempo, jeder hat seinen eigenen Rhythmus – und du hast deinen.

LISTEN TO YOUR BODY

Ich finde es sehr wichtig, auf seinen Körper zu hören und ein Gefühl dafür zu bekommen, was er gerade braucht. Das gilt nicht nur für den Sport, sondern auch für die Ernährung oder für Ruhephasen. Wenn man mehr auf seinen Körper hören würde, könnte man ganz einfach Stress (und Stresspickelchen) und Unausgeglichenheit vermeiden. Beim Training musst du den Körper zunächst an die neue Belastung gewöhnen. Wenn du das nicht tust, kann das nicht nur Verletzungen infolge von Überlastung hervorrufen, sondern auch Stressreaktionen des zentralen Nervensystems. Dann war es das erst einmal wieder mit dem Training und du musst dich auskurieren. Wenn du auf deinen Körper hörst, merkst du eigentlich ganz gut, wenn es ihm zu viel oder zu schnell oder zu schwer ist. Aber nicht jedes Ziehen ist gleich eine Warnung – gerade am Anfang musst du Muskelkater schon in Kauf nehmen. Unangenehm, aber leider unumgänglich. Das gehört zum Training dazu. Aber auch hier gilt: Höre auf deinen Körper. Du bekommst

SO ERREICHST DU DEINE ZIELE

1. Einfach anfangen – nicht viel hin und her überlegen und lange aufschieben.

2. Treibe den Sport, auf den du richtig Lust hast.

3. Finde deinen eigenen Rhythmus, egal, wie er aussieht.

4. Vergleiche dich nicht mit anderen.

5. Mach es richtig – frage einen Trainer.

6. Suche Verbündete im Kampf gegen den inneren Schweinehund.

7. Halte durch! Halte durch! Halte durch!

8. Integriere das Training in deinen Alltag.

9. Setze dir realistische Ziele.

10. Halte deine Fortschritte schriftlich fest.

mit der Zeit auch ein Gefühl dafür, ob du vielleicht einmal andere Muskelgruppen intensiver trainieren oder deinen Schwerpunkt mehr auf Cardio legen solltest.

INSTAGRAM

Jeder Mensch findet seine Motivation für verschiedene Vorhaben woanders. Ob bei Freunden, in Büchern oder im Internet. Beim Sport können meiner Meinung nach Fitness-Accounts oder Fotos auf Pinterest absolut hilfreich sein. Dort sieht man dann unglaubliche Vorher-Nachher-Bilder, tolle Frauen, die ihr Workout zeigen, oder einfach nur schön definierte Körper. Das motiviert mich total. Allerdings habe ich auch das Glück, dass ich mich von Natur aus sehr, sehr schnell inspirieren lasse und motivieren kann. Ich denke mir dann sofort: Das musst du unbedingt das nächste Mal im Fitnessstudio ausprobieren. Und gleich habe ich Ideen, wie ich die Übungseinheiten auf mich richtig zuschneiden kann.

Oder auch, wie ich sie ideal dokumentieren und somit vielleicht ja auch dich motivieren kann.

COACH

Wenn du Einsteiger bist, ist es ganz wichtig, dass du dich von einem Profi beraten lässt. Es ist ganz egal, für welche Sportart du dich entschieden hast. Falls du jetzt regelmäßig joggen gehen willst, brauchst du unbedingt die richtigen Schuhe, sonst kannst du dir deine Gelenke ziemlich kaputtmachen. Und falls du dich – so wie ich – fürs Krafttraining entscheidest, solltest du auch nicht einfach so loslegen. Frage Trainer vor Ort, ob sie dir die einzelnen Übungen zeigen und dich bei Fehlhaltungen oder Ähnlichem korrigieren können. Die meisten Fitnessstudios bieten auch eine Beratung an. Da kannst du dir dann einen Trainingsplan erstellen lassen. Der sollte allerdings nicht Standard, sondern individuell auf dich zugeschnitten sein. Willst du definiertere Armmuskeln, bringen dir Sit-ups nicht sonderlich viel. Brauchst du mehr Ausdauer, solltest du eher Cardio-Geräte nutzen und so weiter. Ein guter Trainer kann dich da super beraten, dir Tipps geben und dich vielleicht sogar zu Höchstleistungen anspornen.

FRIENDS

»Aller Anfang ist schwer« und »geteiltes Leid ist halbes Leid« – darum gibt es ja zum Glück Freunde, die einem den Start erleichtern und die mit uns schwitzen und leiden :) Ich habe auch gemeinsam mit einer Freundin mit dem Krafttraining angefangen. Das war schon sehr hilfreich, denn man kann sich gegenseitig motivieren, bestärken, aufmuntern, anfeuern, korrigieren ... Außerdem fühlt man sich nicht ganz so verloren. Nach dem jahrelangen Tanztraining war das Fitnessstudio am Anfang doch etwas fremd für mich und ein neuer Ort, den es zu entdecken galt und an dem man sich erst einmal wohlfühlen musste. Außerdem ist es doch so: Wenn du eigentlich zum Sport willst und plötzlich keine Lust mehr hast, weil das Sofa auf einmal eine so wahnsinnige Anziehungskraft auf dich ausübt oder gerade eine Folge deiner Lieblingsserie zum 6. Mal wiederholt wird, dann ist die Versuchung, einfach zu Hause zu bleiben, schon sehr groß. Wenn du dich aber mit deiner besten Freundin zum Sport verabredet hast und du weißt, dass sie auf dich warten wird oder vielleicht sogar schon auf dem Weg ist, dann traut sich doch niemand abzusagen, oder? Wenn man im Team oder vielleicht sogar als ganze Gruppe mit einem Sport neu anfängt, hat das eine ganz eigene Dynamik. Da ist man irgendwie für den anderen mitverantwortlich und unterstützt sich gegenseitig. Außerdem kann man beim Training auch supergut miteinander quatschen oder voneinander Fotos machen. So hat man mehr Spaß und die Zeit vergeht wie im Flug.

Bleib motiviert

LEISTUNG STEIGERN

> **ES WIRD NICHT LEICHTER, DU WIRST BESSER!**

Du hast mit dem Sport angefangen? Gratulation! Jetzt ist es am wichtigsten, dass du auch am Ball bleibst und durchhältst.
Wenn am Anfang nicht alles genauso klappt, wie du es dir vorgestellt hast, wenn dir doch viel schneller die Puste ausgeht, als du dachtest, oder wenn du dich bei den ersten Besuchen im Fitnessstudio total fremd fühlst – ich verspreche dir, das geht alles vorbei. Bleib am Ball, du wirst sehen: Es lohnt sich.

WIE DAS TRAINING IN DEN ALLTAG PASST

Versuche, deine neu gewonnene Motivation für den Sport aufrechtzuerhalten. Dafür ist es wichtig, dass du deine neuen Vorsätze in den Alltag integrierst. Ganz egal, ob es sich dabei um eine Ernährungsumstellung oder einen Fitnessplan handelt. Alles muss mit deinem Alltag kompatibel sein, sonst ist es auf lange Sicht zu schwer, das durchzuziehen.
Angenommen, du bist ein absoluter Frühaufsteher, dann nutze am besten die Morgenstunden, um Sport zu treiben.

Und wenn du vielleicht eher am Abend Muße für Bewegung hast, dann schaue, ob du auf dem Weg von der Arbeit ein Sportstudio findest. Dann kannst du da nach getaner Arbeit ab und zu ein paar Hanteln schwingen. Wenn du den Sport in dein Umfeld und deinen Tagesablauf integrierst, wird es dir leichter fallen, ihn irgendwann als Teil deines Alltags zu sehen.

DER LANGE WEG ZUM GROSSEN ZIEL

Wissenschaftler sind sich mittlerweile sicher, dass es leichter ist, eine alte Gewohnheit abzulegen, als eine neue zu etablieren. Aber auch Letzteres funktioniert. Kennst du die 2-Monats-Theorie? Der Trick dabei ist, den langen Weg zum großen Ziel in kleinere Schritte zu unterteilen. Du kannst deinen Körper langsam an feste Abläufe gewöhnen. Wie mit dem abendlichen Zähneputzen oder Abschminken. Irgendwann gehört das ganz automatisch zur Abendroutine dazu und es wäre total komisch, wenn du das auf einmal nicht mehr machen würdest. Du hättest dann bestimmt das Gefühl, dass etwas fehlt. So ist das auch mit dem Sport.

DIE 2-MONATS-THEORIE

- Dein Körper braucht **mindestens** 3 Wochen, um sich an etwas Neues zu gewöhnen.

- 1 Mal aussetzen ist okay, wenn es nicht anders geht, aber nicht mehrmals hintereinander.

- Dein Gehirn lernt durch Wiederholungen – je öfter du Sport treibst, desto schneller wird es zur Gewohnheit.

- Trage alle Trainingseinheiten in eine Monatsübersicht ein – du wirst staunen, wie schnell 2 Monate vorüber sind!

- Erzähle deinen Freunden und deiner Familie von deinem Ziel – so machst du dir ein wenig Druck.

SO GEWÖHNT SICH DEIN KÖRPER AN SPORT

Man sagt, dass der Körper in der Regel 3 bis 8 Wochen braucht, um sich an etwas Neues zu gewöhnen. Aber dann kennst nicht nur du die Abläufe im Fitnessstudio oder die schönste Route durch den nahe liegenden Park schon in- und auswendig, sondern dein Körper hat sich mittlerweile auch darauf eingestellt, etwas Bewegung zu bekommen. Die anfängliche Qual wird dann zum Vergnügen und du hast Spaß an deinem neuen Hobby.

Mir würde so ein großer und wichtiger Teil in meinem Leben fehlen, wenn ich jetzt mit dem Sport aufhören würde. Mein Körper fände das gar nicht gut :)

DIE KUNST DER KLEINEN ZIELE

Fange an, indem du dir zunächst ein Ziel setzt – ein realistisches, was auch erreichbar ist!
Und dann unterteilst du dieses noch einmal in kleinere Ziele. Wenn du diese erreicht hast, darfst du dich belohnen. Dann sinkt deine Motivation nicht ab. Angenommen, du hast dir vorgenommen, im ersten Monat 10-mal zu trainieren. Hast du dein Vorhaben umgesetzt, belohne dich mit einer Massage oder einer Maniküre oder etwas, was dir Spaß bereitet. Kleinere Ziele sind schneller zu erreichen und sich selbst zu belohnen darf nicht unterschätzt werden.
Im 2. Monat nimmst du dir dann schon 14 Trainingseinheiten vor und im 3. vielleicht sogar schon 20. So hast du von Anfang an realistische Ziele, die du langsam steigern kannst. Du wirst sehen, dass sich dein Körper dann schon auf seine Extraportion Bewegung eingestellt hat.

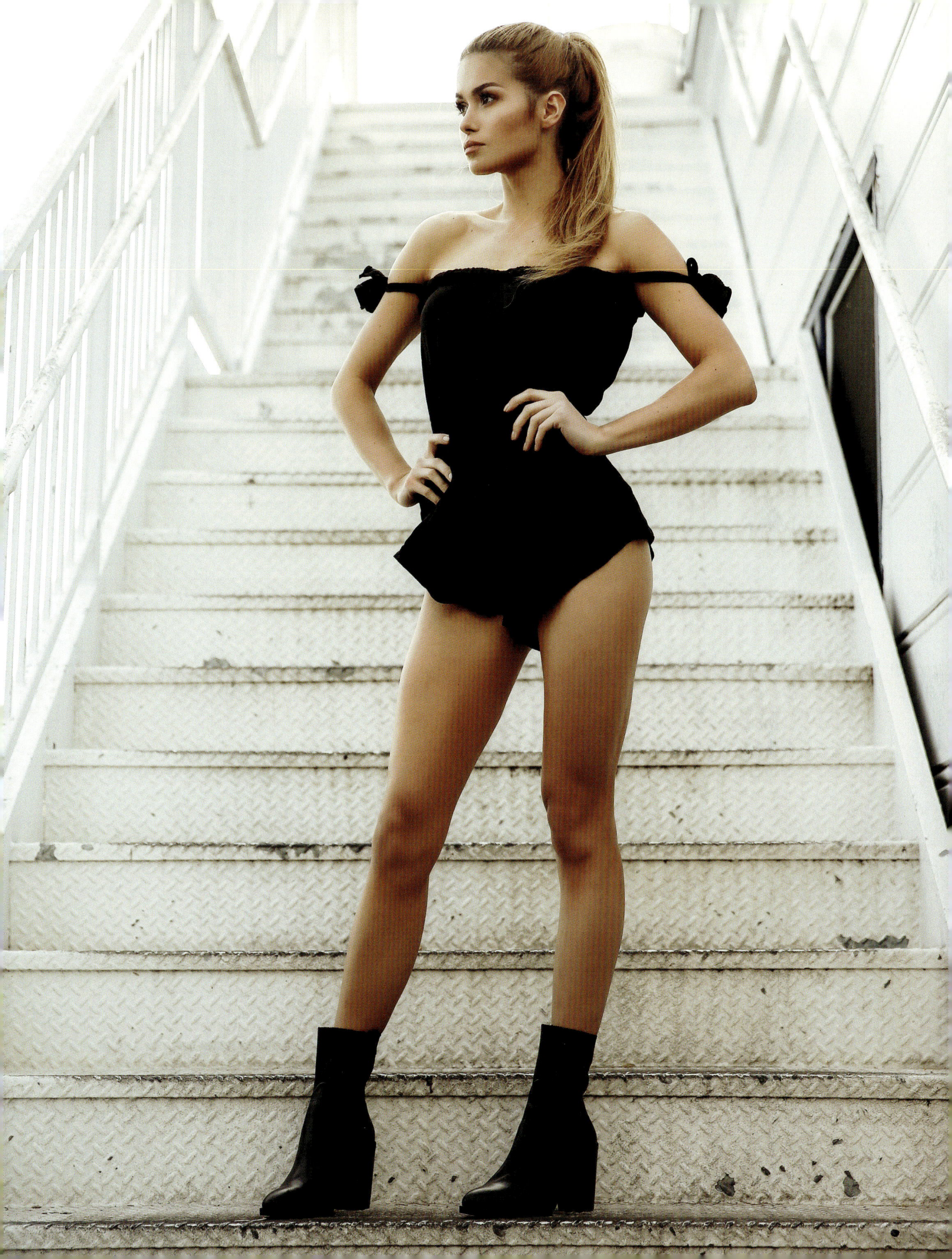

PLAN B ZUR MOTIVATION

Vor allem am Anfang sollte man sich einen »Was ist wenn ...«-Plan zulegen. Es gibt einfach zu viele Eventualitäten, die einem plötzlich vom Training abhalten können. Zum Beispiel schlechtes Wetter oder ein unerwarteter Besuch oder eine kleine Erkältung. Wenn man sich davon einfach nur vom Sport abhalten lässt, fühlt man sich ganz schnell inkonsequent: Die Motivation ist im Keller und die 2-Monats-Theorie wird bestimmt nicht greifen. Du könntest dir überlegen, dass du dir für schlechtes Wetter eine besonders schöne und wasserabweisende Sportjacke zulegst oder dein Outdoor-Programm alternativ nach drinnen verlegst. Bei spontanem Besuch könntest du einen gemeinsamen Spaziergang vorschlagen. Es gibt viele Möglichkeiten, eine Alternative zu finden, ohne gleich komplett auf Bewegung verzichten zu müssen und dann ein schlechtes Gewissen zu bekommen.

SETZE PRIORITÄTEN

Ich habe dir jetzt sehr viel von Motivation erzählt, wie man am besten anfängt und wie man am besten dranbleibt. Aber es gibt einen Punkt, der in meinen Augen noch viel wichtiger ist als die Motivation. In Wahrheit dreht sich auf dem Weg zu einem fitteren Leben alles um Priorisierung und Organisation. Wenn du dein Ziel vor Augen hast und dieses erreichen willst, dann musst du priorisieren. Du kannst nicht alles haben. Du kannst nicht jedes Wochenende feiern gehen und gleichzeitig beim Sport dein Bestes geben. Das sind 2 gegensätzliche Belastungen für deinen Körper und das wird auf lange Sicht nicht gut gehen. Du kannst auch deinen Vorsatz von einem gesünderen Leben nicht umsetzen, wenn du zum Beispiel viel Alkohol trinkst und rauchst.

Meine Priorisierung lag schon früh und liegt noch immer ganz klar auf einem fitten und gesunden Körper. Dafür verzichte ich auch auf einiges – allerdings hat es sich noch nie wie ein großer Verzicht angefühlt. Mir geht es ja momentan so gut und das ist mir sehr wichtig.

WARUM ORGANISATION UND SPONTANITÄT SO WICHTIG SIND

Und neben den Prios ist auch die Organisation ausschlaggebend. Jeder hat in seinem Leben Pflichten, die es zu erfüllen gilt. Sei es Schule, Uni oder Arbeit. Da hilft eine gute Organisation sehr. Aber am Ende des Tages sollte sich Sport nicht wie eine Pflicht anfühlen, die auf der Tagesordnung steht. Darum mach dich nicht zu sehr verrückt. Behalte dir neben all dem Planen auch noch etwas Raum für Spontanität – denn manchmal kommt es eben doch anders. Ich muss auch manchmal schnell umorganisieren, weil ich plötzlich ein unerwartetes Meeting habe oder ja auch viel auf Reisen bin. Aber das ist nicht schlimm. Hauptsache, du lässt den Sport nicht komplett ausfallen und machst zu Hause noch ein paar Übungen. Auch im Urlaub – fernab von deinem heimischen Fitnessstudio oder deiner geliebten Joggingrunde – musst du deinen Sportplan nicht über Bord schmeißen. Schwimme dafür mehr, mache ausgedehnte Strandspaziergänge oder stelle dir ein kurzes und knackiges 10-Minuten-Workout zusammen.

JUST DO IT

Für mich war es von Anfang an wichtig, trotz Organisation das Thema Training nicht zu verkopft anzugehen. Denn wer zu viel und zu lange nachdenkt, verpasst den richtigen Moment und hat auch weniger Spaß. Überlege also nicht so viel hin und her, wenn du eine Entscheidung treffen willst oder musst. Manchmal ist es besser, nicht jede Aufgabe minutenlang zu überdenken und Pros und (Bequemlichkeits-)Kontras gegeneinander abzuwägen. Ich will ganz ehrlich sein: Auch ich würde manchmal auf die Frage »Willst du jetzt wirklich ins Fitnessstudio?« mit einem klaren NEIN antworten. Aber wenn diese Frage in meinem Kopf aufpoppt, dann mache mir nicht so viele Gedanken darüber. Ich schnappe mir einfach meine Sporttasche und los geht's. Tief in dir drinnen weißt du sowieso, was die richtige Entscheidung ist.

Der Spaß kommt von ganz allein und lässt auch nicht lange auf sich warten. Und danach fühlst du dich richtig gut.

HALTE DEINE ZIELE, VORSÄTZE UND FORTSCHRITTE FEST

Gerade für den Anfang ist es von Vorteil, wenn du dein Ziel in einzelne Etappen mit realistischen Erwartungen unterteilst. Überlege dir eine Art Wochen- oder vielleicht sogar Monatsplan. Stelle dir Fragen wie: Mit was fange ich an? Cardio oder Krafttraining? Arme oder Beine? Mit welchem Tempo steigere ich mich und was ist meine Zwischenetappe? Dann schreibe dir alles auf. Wenn du etwas schriftlich festhältst, kann dir das den Start erleichtern. Und es gibt doch nichts Befriedigenderes, als nach jeder erledigten Aufgabe oder nach jedem erfüllten Vorsatz einen großen Haken dahinter zu machen. An ihnen kannst du zum Beispiel auch gut dein Belohnungssystem festmachen. 10 Haken bedeuten eine kleine Belohnung für dich.

Du kannst bei deinem schriftlichen Plan auch noch mit Fotos arbeiten. Mache alle 4 Wochen ein Bild von dir. Wenn du irgendwann einmal das Gefühl haben solltest, zu stagnieren, kannst du dir deinen Fortschritt bildlich vor Augen halten. Oft unterschätzt man nämlich, wie sehr es einen verändern kann, wenn man in seinen Alltag gesunde Ernährung und mehr Bewegung einbaut. Für viele ist das Aufschreiben von Zielen, Vorsätzen und Fortschritten auch eine Art mentale Motivation. Ich nutze dazu oft mein Handy oder mache eine Tabelle am Computer. Schon auf dem Weg ins Fitnessstudio überlege ich mir ganz genau, welche

Übungen ich machen will und wie viele Wiederholungen und so weiter. Einen Plan habe ich also immer. Das hilft übrigens auch sehr, um im Nachhinein die Trainingsstruktur zu verfeinern oder auch zu überdenken. Wenn du mit deinem Training nicht weiterkommst und keine großen Fortschritte mehr verzeichnen kannst, dann sprich doch mal mit einem Trainer oder suche neue Trainingsreize und -methoden in Fitnessplänen.

Das wird dir garantiert weiterhelfen. Es gibt mittlerweile viele Fitness-Tracker und vor allem tolle Apps, die dir das klassische Sporttagebuch erleichtern. Ich finde vor allem Apps sehr hilfreich. Sie bieten dir verschiedene Funktionen an und du hast dein Handy ja auch beim Training meistens bei dir. Aber du musst sie konsequent nutzen, sonst kannst du dich am Ende nicht auf die Auswertungen verlassen.

ERHÖHE DEINE VORGABE, SUCHE DIR EINE NEUE GRENZE, DIE DICH HERAUSFORDERT.

Aber Stück für Stück. Denn wenn du überfordert bist, dann sinkt deine Motivation sofort in den Keller und du läufst sogar Gefahr, dich zu verletzen. Schlussendlich hast du das Gefühl, deine Ziele nicht erreichen zu können und nicht gut genug zu sein. Suche dir Herausforderungen, die du bewältigen kannst.

TAKE YOUR TIME

Als ich mit dem Fitnesstraining anfing, war ich sehr schlank. Vor allem meine Beine und Arme waren extrem dünn. Das wollte ich ändern – ich wollte eine schöne Silhouette haben. Und auch dem sogenannten »skinny fat« (etwas Fett rund um den Bauch) habe ich den Kampf angesagt. Am Anfang habe ich im Fitnessstudio einfach so vor mich hin trainiert, ohne großen Plan und vor allem ohne den gewünschten Erfolg. Zwar wurde mein Körper definierter, aber nicht so, wie ich es mir vorgestellt hatte. Dann entdeckte ich das Krafttraining für mich und fing an, bestimmte Muskeln ganz gezielt zu trainieren. Wenn sich dann der Körper langsam so entwickelt, wie man es sich vorgestellt hat, macht das Training wahnsinnigen Spaß.

Es kann sein, dass du erst nach einigen Monaten die ersten Ergebnisse an dir siehst und wahrnimmst. Aber am Ball zu bleiben rentiert sich. Denn wenn dein Körper sich langsam verändert, wirst du immer motivierter. Wenn du merkst, wofür du die

SICH SELBST FORDERN, OHNE ZU ÜBERFORDERN

Der Grat zwischen fordern und überfordern ist sehr schmal. Es ist ganz wichtig, dass du dich immer wieder neu forderst. Wenn du zum Beispiel nach einigen Wochen eine bestimmte Anzahl an Klimmzügen schaffst oder ein paar Kilometer ohne große Mühe joggen kannst, überlege dir ein neues Ziel.

ganzen Wochen gearbeitet und geschwitzt hast, dann wirst du unglaublich stolz auf dich sein. Und das darfst du auch, denn jedes gepurzelte Kilo, jeder Zentimeter weniger Bauchumfang und jeder Millimeter mehr Muskeln zeigen dir, wofür du so lange gearbeitet hast.

Es wird seine Zeit dauern, bis du deinen Rhythmus, deine Stärken und Schwächen und deinen effektiven Trainingsplan gefunden hast. Ich war am Anfang auch nicht ganz glücklich mit meinem Fitnessplan. Ich habe viel zu viel Cardio und viel zu wenig Krafttraining gemacht (und wenn, dann nur mit Babygewichten). Ich habe über ein Jahr gebraucht, bis ich genau das gefunden habe, was mir nicht nur superviel Spaß bereitet, sondern meinen Körper auch so formt, wie ich es mir gewünscht habe. Ich musste so lange optimieren, bis mein Fitnessplan genau zu mir gepasst hat. Aber ich bin drangeblieben.

DAS A UND O SIND FLEISS UND DURCHHALTEVERMÖGEN.

LOS GEHT'S

Jetzt hast du alles, was du brauchst, um aus dir eine fittere Version deiner selbst zu machen: Tipps und Motivation. Was brauchst du mehr? Worauf wartest du also noch? Leg los und mach dich auf den Weg, um deine Ziele zu erreichen.

ES GIBT KEINE AUSREDEN!

- ~~Ich bin müde.~~

- ~~Meine Lieblingsserie läuft.~~

- ~~Draußen regnet es.~~

- ~~Es ist viel zu warm.~~

- ~~Ich habe gar keine Lust.~~

- ~~Es ist schon viel zu spät.~~

- ~~Bringt doch eh nichts.~~

- ~~Meine Freundin hat abgesagt.~~

- **Nicht aufgeben! Alles geben!**

Gesunde Ernährung

EAT WELL, LIVE WELL

DEIN KÖRPER IST EIN SPIEGELBILD DEINES LEBENSSTILS.

Dass ungesunde Ernährung unserem Körper schadet, wissen wir doch eigentlich alle, oder? In den westlichen Industrieländern gibt es ein Überangebot an Lebensmitteln und das Phänomen des Übergewichts ist stark verbreitet. Auch bei uns in Deutschland ist dies so. Der eigentliche Sinn der Ernährung, nämlich seinem Körper genügend Energie zum Überleben zu bieten, ist längst überholt. Warum Übergewicht so verbreitet ist, erklärt sich ganz einfach: Von dem einen wird zu viel zu sich genommen und von dem anderen zu wenig. Ich spreche hier von einer unausgewogenen Ernährung. Das bedeutet, dass zu viele ungesunde Fette und zu viele Kohlenhydrate und zu wenig wichtige Nährstoffe wie Vitamine und Ballaststoffe zu sich genommen werden. Eine ungesunde Ernährung kann zu gesundheitlichen Schäden führen. Ich glaube, dass es vielen Menschen nicht bewusst ist, wie sehr sie ihrem Körper mit ungesunder Ernährung und zu wenig Bewegung schaden können. Ich finde es wichtig, die Auswirkungen zu verstehen und zu erkennen.

Ungesunde Ernährung, Alkohol- und Nikotinkonsum können zu Herz-Kreislauf-Krankheiten, Diabetes oder sogar Krebs führen. Wusstest du, dass durch ungesunde Ernährung und Bewegungsmangel als Kind oder Jugendlicher das Herzinfarktrisiko für spätere Jahre erhöht wird? Dabei können wir selbst doch so viel dafür tun, dass es nicht so weit kommt.

DAS STICHWORT HEISST: AUSGEWOGENE ERNÄHRUNG!

Ich lebe selbst sehr ausgewogen, was bedeutet, dass ich eben auch Fette und Kohlenhydrate zu mir nehme. Ich finde es superwichtig, dem Körper alle Stoffe, die er benötigt, zuzuführen, aber alles in einem bestimmten Maß. Von einigem darf es natürlich mehr sein, von anderem weniger. Ausgewogene Ernährung ist vor allem eins: vielfältig. Und das liebe ich daran! Eine ausgewogene Ernährung besteht aus Obst, Gemüse, Kohlenhydraten, Milchprodukten, Fleisch oder Fisch und Eiern. Durch eine abwechslungsreiche Ernährung nehmen wir ausreichend Vitamine, Mineralstoffe, Fettsäuren, Eiweiße und natürliche Ballaststoffe zu uns. Jeder einzelne Punkt davon ist lebensnotwendig. So sind beispielsweise Ballaststoffe für eine gesunde Darmflora sehr wichtig. Notwendig sind aber auch Mineralstoffe: Calcium ist dafür ein gutes Beispiel. Es wird durch Milchprodukte geliefert und ist unter anderem für die Knochen und Zähne unerlässlich. Nicht zu vergessen ist das Thema Fleisch: Es sollte aus verschiedenen Gründen nur in Maßen zu sich genommen werden, da es Cholesterin enthält und damit den Herzkreislauf schädigen kann. Allerdings enthalten Fleisch und Fisch Eiweiß, Mineralstoffe und wertvolle Fettsäuren. Nicht nur daher, sondern weil es mir auch schmeckt, esse ich vor allem fettarmes Fleisch. Dabei achte ich aber darauf, dass es sich um Biofleisch handelt.

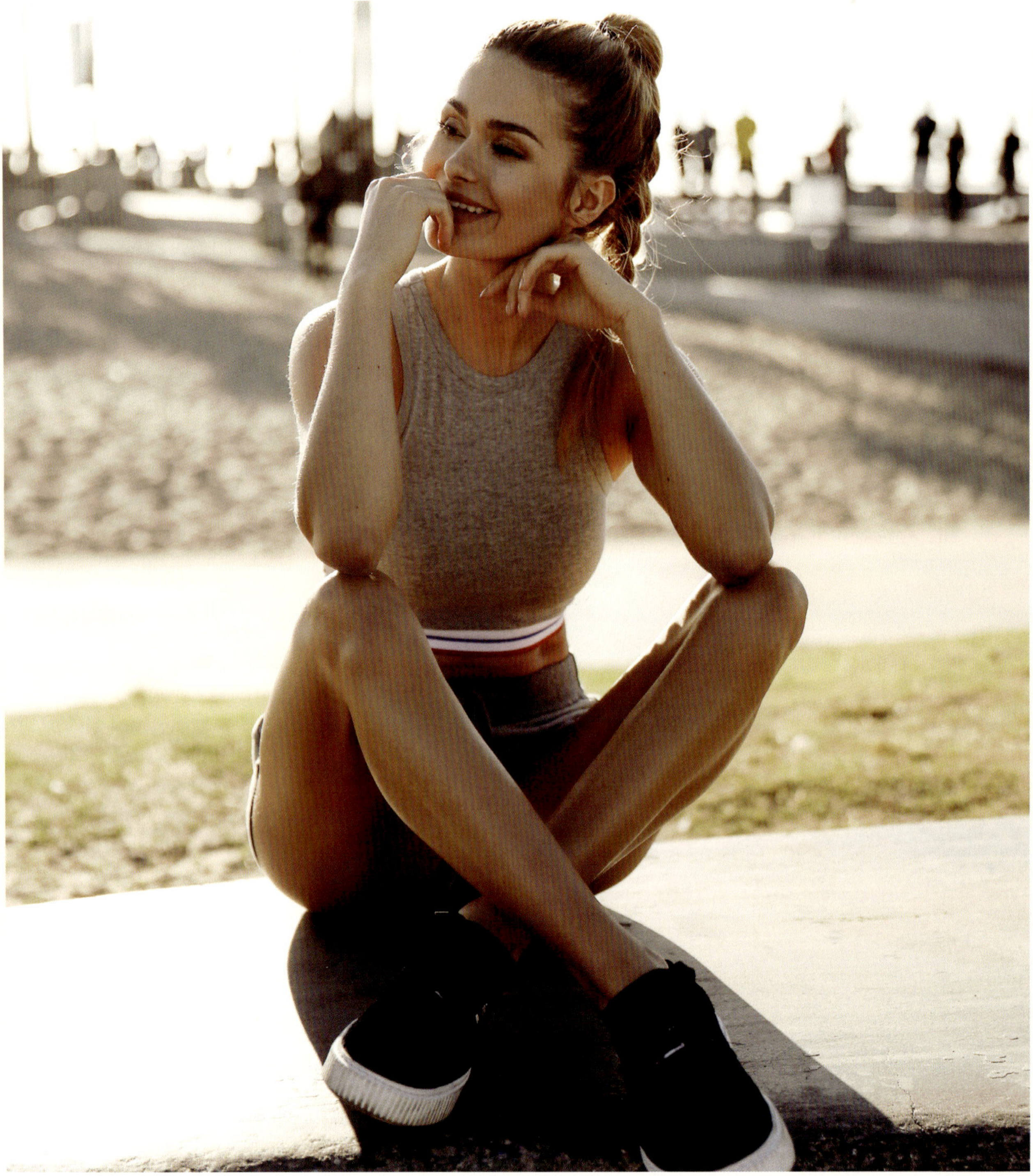

WAS IST BEI FETTEN ZU BEACHTEN?

Das Thema »Fett« ist sehr komplex. Ich persönlich achte auf den mäßigen Konsum von tierischen Fetten. Aber Achtung: Mit tierischen Fetten sind auch Butter oder Käse gemeint. Pflanzliche Fette hingegen enthalten lebenswichtige Fettsäuren. Solche sind beispielsweise in Nüssen enthalten. Fette sind wie Kohlenhydrate oft als Dickmacher verrufen. Aber keine Angst: Fett macht nicht grundsätzlich fett! Fett ist lebenswichtig und es gibt viele empfehlenswerte Fette, die du ohne Bedenken zu dir nehmen kannst. Wie viel Fett in deiner Ernährung sein sollte, kommt ganz auf deine Ernährungsform und deinen Bedarf bzw. dein Ziel an. Wenn du dein Gewicht reduzieren möchtest, sind ca. 30 g pro Tag optimal. Für einen Muskelaufbau liegt der Wert etwa bei dem Doppelten.

WAS SIND KOHLENHYDRATE?

Kohlenhydrate bzw. Carbs sind neben Fetten die wichtigste Energiequelle und ein wichtiger Treibstoff für Gehirn und Muskulatur. Sie sind in Brot, Nudeln oder Kartoffeln enthalten. Oft werden Kohlenhydrate mit Kalorien in einem Atemzug erwähnt: Als Kalorien wird die gesamte Energielieferung durch ein Lebensmittel bezeichnet. 1 g Kohlenhydrate bedeutet aber nicht 1 Kilokalorie (kcal), sondern ca. 4 kcal. Fett liefert noch mehr Kalorien: 1 g Fett liefert nämlich 9 kcal. Im richtigen Maß dürfen und müssen die Kalorien auf jeden Fall auf deinen Teller, aber deinen täglichen Bedarf an Kalorien solltest du nicht überschreiten, wenn du dein Gewicht halten möchtest.

LEBENSMITTEL MIT EIWEISS

- THUNFISCH (100 g liefern 20 g Protein)
- GARNELEN (100 g liefern 21 g Protein)
- HÄHNCHENBRUST (100 g liefern 23 g Protein)
- HÜTTENKÄSE (100 g liefern 13 g Protein)
- MAGERQUARK (100 g liefern 13 g Protein)
- EMMENTALER (100 g liefern 28 g Protein)
- QUINOA (100 g liefern 15 g Protein)
- ERBSEN (100 g liefern 7 g Protein)
- HÜHNEREI (100 g liefern 10 g Protein)

LEBENSMITTEL MIT GESUNDEN FETTEN

- LACHS (viele Omega-3-Fettsäuren)
- AVOCADO (ungesättigte Fettsäuren)
- OLIVENÖL (nur kalt gepresste, native Öle)
- KOKOSÖL (mein Superfood & Alleskönner)
- CHIASAMEN (Omega-3-Fettsäuren)
- DUNKLE SCHOKOLADE (mind. 85 % Kakaoanteil)
- NÜSSE (nicht gesalzen/gezuckert oder geröstet)

BEDENKLICHE INHALTSSTOFFE VON NAHRUNGSMITTELN

Wer sich gut und gesund ernähren möchte, sollte auf jeden Fall auf die Zutatenlisten der Produkte achten. Einige Inhaltsstoffe sind nämlich gar nicht gut für unsere Gesundheit! Das sind einige der umstrittenen Zutaten, auf die du lieber achten solltest:

GESCHMACKSVERSTÄRKER UND AROMEN:

Sie lassen geschmacksneutrale Lebensmittel intensiver schmecken und riechen. Dadurch sollen Menschen zu einem höheren Konsum von bestimmten Produkten angeregt werden. Das Problem dabei ist, dass Geschmacksverstärker unser Sättigungsgefühl blockieren, sodass mehr aus Appetit als aus Hunger gegessen wird. Der bekannteste, schädliche Geschmacksverstärker ist wohl Glutamat. Dieser Stoff steht im Verdacht, sich negativ auf unsere Nerven und unser Gehirn auszuwirken. Die (Aus-)Wirkung des Glutamats: Man gewöhnt sich sehr schnell an den künstlichen, aber durchaus angenehmen Geschmack. Dadurch wirkt natürlich zubereitete Nahrung im Gegensatz dazu oft eher nicht so appetitlich. Appetitliche Düfte sind ebenso wichtig für die Lebensmittelindustrie. Diese werden durch chemische Stoffe intensiviert. Das Problem: Sie können ein Suchtverhalten auslösen.

FARBSTOFFE:

Sie sollen Lebensmittel ansprechender aussehen lassen und sind häufig in farbenfrohen Süßigkeiten und Getränken zu finden. Besonders der Farbstoff Tartrazin (E 102), ein sogenannter Azofarbstoff, steht in der Kritik. Azofarbstoffe sollen die Aufmerksamkeit und Aktivität von Kindern ungünstig beeinflussen und Allergien oder Pseudoallergien, die sich nicht über einen Allergietest nachweisen lassen, auslösen. Am besten ist es, den Konsum von mit künstlichen Farbstoffen gefärbten Lebensmitteln zu reduzieren und so wenig Fertigprodukte wie möglich zu verzehren.

GLUTEN:

Vielleicht hast du schon mal gesehen, dass in vielen Supermärkten auch glutenfreie Produkte verkauft werden. Diese sind für Menschen mit einer Glutenunverträglichkeit besonders wichtig, denn diese Personen leiden unter Zöliakie und vertragen das Klebereiweiß, das sich in vielen heimischen Getreidesorten, wie beispielsweise Weizen, Dinkel, Roggen, Hafer oder Gerste, befindet, nicht. Aber auch Menschen, die nicht unter Zöliakie leiden, reagieren manchmal empfindlich auf Gluten und ahnen nicht, dass Sodbrennen, Reizdarm und Völlegefühl, Gelenkschmerzen und Migräne auch darauf zurückzuführen sein könnten.

TRANSFETTSÄUREN:

Dabei handelt es sich um billige, haltbare, künstlich gehärtete Fette, die sich in vielen Lebensmitteln verbergen und die keinerlei positive Funktion im Körper haben. Sie gehören zur Gruppe der ungesättigten Fettsäuren und wirken sich besonders negativ auf den Cholesterinspiegel und die Entstehung von koronaren Herzerkrankungen aus. Leider ist es nicht einfach, diese Fette in den Zutatenlisten zu erkennen, denn die Hersteller müssen sie nicht ausweisen. Wenn »gehärtete« oder »zum Teil gehärtete Fette« in den Inhaltsstoffen erscheinen, handelt es sich um Transfette.

KONSERVIERUNGSMITTEL:

Zu dieser Gruppe zählen verschiedene Stoffe, die die Haltbarkeit von Lebensmitteln verlängern. Sie sorgen dafür, dass Geschmack und Aussehen für eine lange Zeit unverändert bleiben. Nicht alle sind schädlich, denn sie hemmen das Wachstum von Bakterien und Pilzen und schützen somit vor Lebensmittelvergiftungen. Bedenklich sind jedoch einige Konservierungsstoffe der Gruppe der Sulfitverbindungen (E 221–228) und der Benzoesäure (E 210–213). Sie können bei Menschen, die zum Beispiel unter Asthma leiden, sogar zu Kurzatmigkeit, Husten und Keuchen führen.

ZUCKER UND SÜSSSTOFFE:

Es ist ja kein Geheimnis – Zucker ist in großen Mengen nicht gut für unsere Gesundheit. Übermäßiger Zuckerkonsum führt zu Übergewicht, kann müde und schlaff machen und ist in Extremfällen der Auslöser für Krankheiten wie Diabetes. Das legt die Annahme nahe, dass Süßstoffe eine gute Alternative sind: Doch diese sind oft genauso schädlich, denn sie werden meistens chemisch hergestellt und gaukeln dem Körper vor, er sei mit der notwendigen Energie versorgt, obwohl es nur um den süßen Geschmack geht. Aspartam (E 951) ist einer der umstrittensten Süßstoffe, denn er steht im Verdacht, an der Entstehung von Krebs und Alzheimer beteiligt zu sein. Am besten verzichtet man also, soweit es geht, auf Extrasüße. Eine tolle Alternative sind natürliche Süßungsmittel wie Honig oder Ahornsirup!

DIE KALORIENREGEL

Es gibt eine ganz einfache Regel: Willst du zunehmen, musst du mehr Kalorien zu dir nehmen, als dein Körper verbraucht. Fürs Abnehmen gilt diese Regel natürlich umgekehrt. Das Problem ist nur, dass die wenigsten wissen, wie viele Kalorien ihr Körper am Tag überhaupt verbrennt. Und ohne das zu wissen, kann man natürlich seine Kalorienzufuhr auch nicht anpassen. Es gibt eine Formel, mit der man den Ruheumsatz – auch Grundumsatz genannt – berechnen kann. Das ist die Energiemenge, die man am Tag (24 Stunden) auch ohne Bewegung verbraucht.

FÜR FRAUEN LAUTET DIE FORMEL WIE FOLGT:

655,1 + (9,6 × Körpergewicht in kg) + (1,8 × Körpergröße in cm) − (4,7 × Alter in Jahren)
= DER GRUNDUMSATZ DEINES KÖRPERS

Da man meist nicht 24 Stunden in kompletter Ruhe verbringt, muss man nun noch den PAL-Faktor (Physical Activity Level) berücksichtigen.

MULTIPLIZIERE DAFÜR DAS ERGEBNIS DEINES GRUNDUMSATZES

- mit 1,2 – wenn du selten oder keinen Sport treibst.
- mit 1,4 – wenn du 1–3 Mal in der Woche trainierst.
- mit 1,6 – wenn du 3–5 Mal in der Woche Workouts machst, joggst etc.
- mit 1,7 – wenn du jeden Tag Sport treibst.

Bei mir kamen am Ende 2.147 Kalorien pro Tag heraus. Da ich langsam zunehmen wollte, addierte ich noch weitere 200 hinzu. Wer noch nie Kalorien gezählt hat und das auch nicht tun möchte, der sollte sich zumindest 2 oder 3 Tage lang die Mühe machen. Wer weiß schon, was ein Teller Pasta oder eine Schüssel Müsli an Kalorien hat? Dafür muss man erst einmal ein Gespür bekommen. Ich persönlich mag es, meine Mahlzeiten regelmäßig zu tracken. So weiß ich am Ende des Tages immer, was ich meinem Körper zugeführt habe. Es gibt Apps, die dir dabei ganz leicht helfen können, und irgendwann hat man ein Gefühl dafür entwickelt.

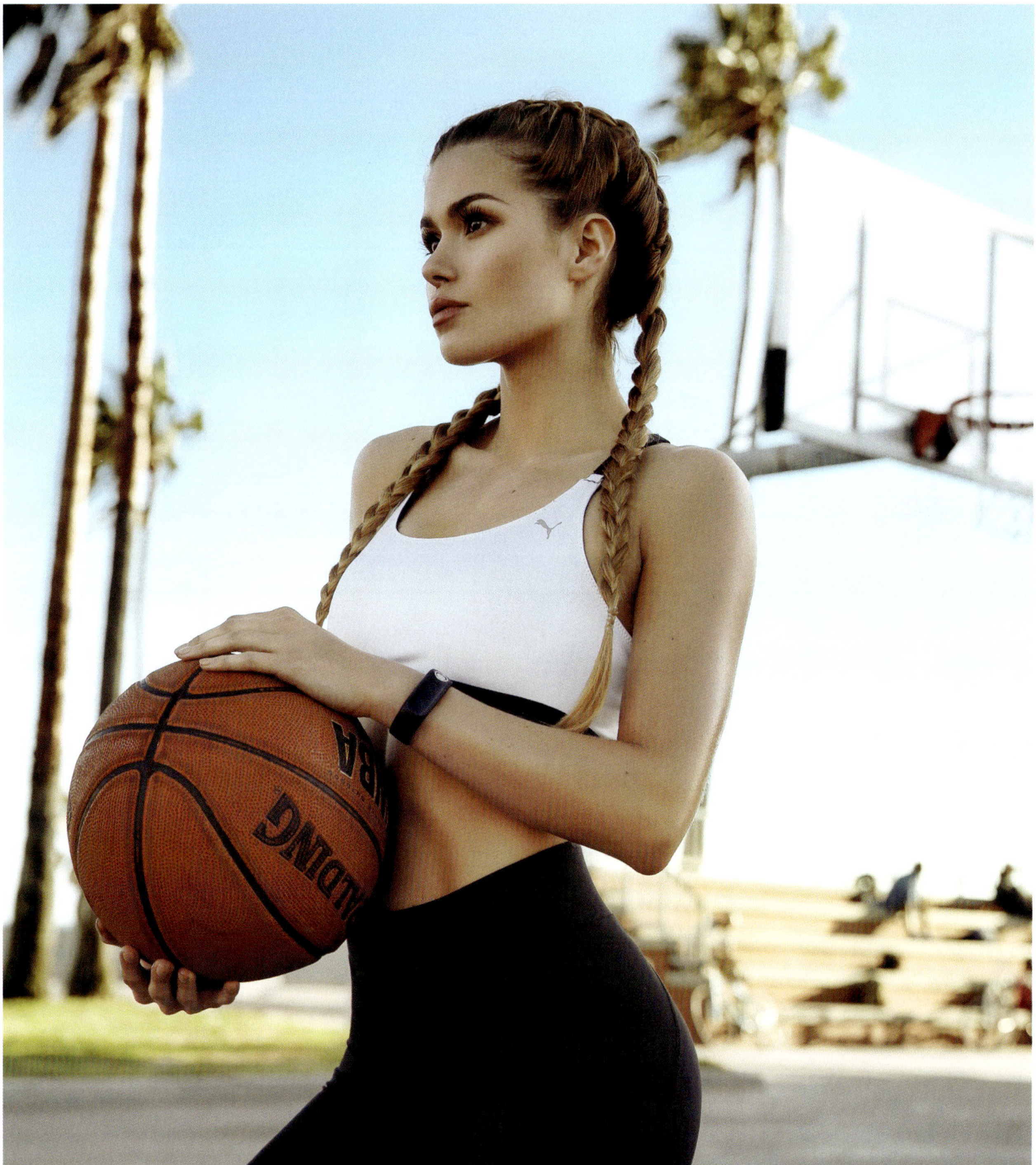

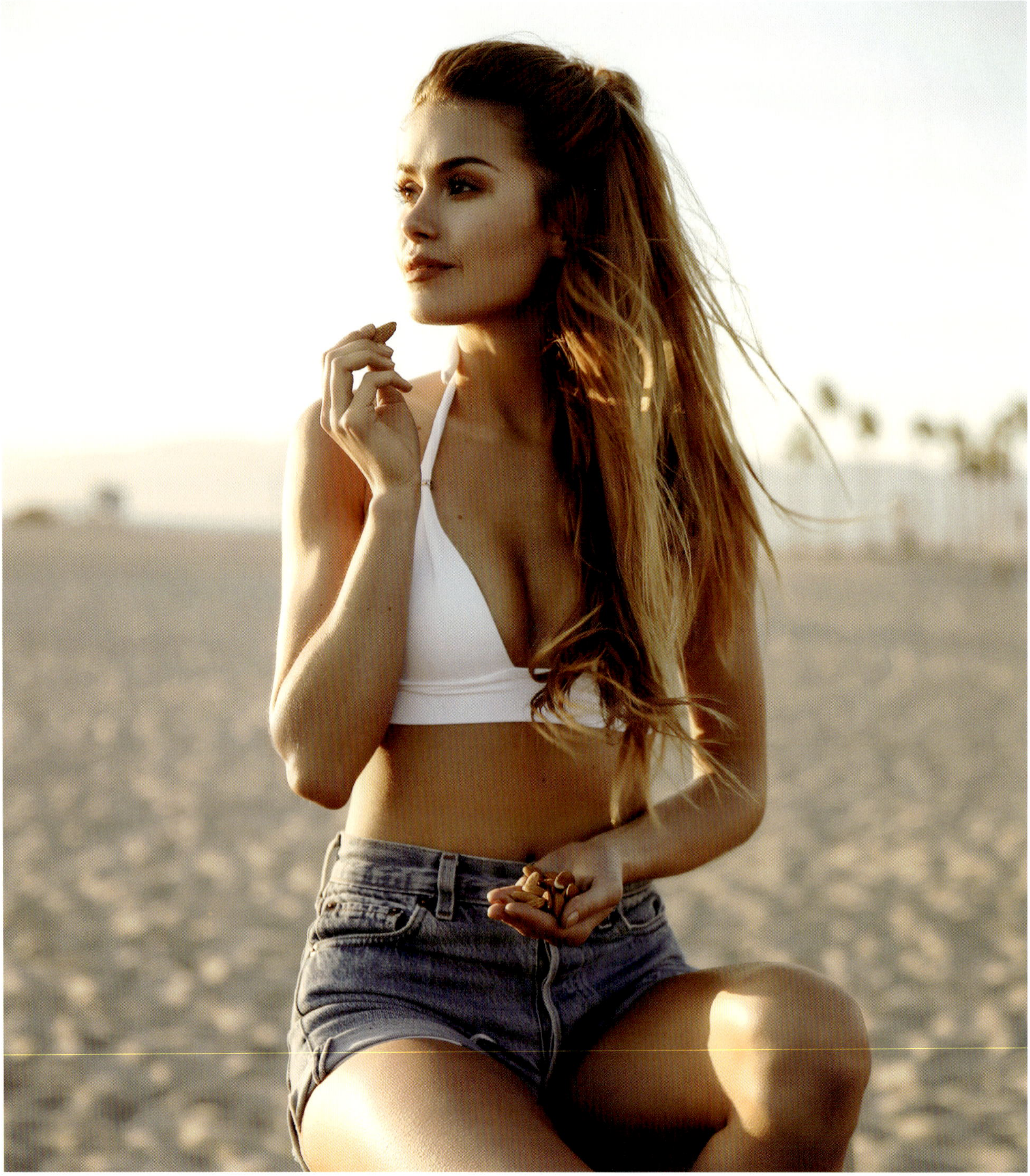

ERNÄHRUNGSPLAN & BASICS

Ich habe vor vielen Jahren mit dem Kalorienzählen angefangen, weil ich mir nicht sicher war, ob ich genug esse. Schnell kam heraus, dass ich – um Muskelmasse zunehmen zu können – mehr Kalorien essen muss. Gesund ernährt habe ich mich eigentlich schon immer. Aber heute achte ich wirklich sehr genau darauf, was ich esse. Zu 80 Prozent koche ich auch alles selbst.

WAS ICH ZU MIR NEHME

Mein Tag fängt an mit einem Frühstück. Seit Jahren esse ich morgens ein Müsli, weil es mir einfach am besten schmeckt. Etwa eine halbe Stunde nach dem Training trinke ich immer einen selbst gemachten Protein-Shake. Nach dem Workout sollte man seinem Körper die Energie zurückgeben. Das geht auch mit einer Mahlzeit, aber das ist mir zu oft zu zeitaufwendig. Mein Shake hat sehr viele Kalorien: Ich mixe Bananen, Beeren, Haferflocken, Proteinpulver, Quark und Kakaopulver mit Reismandel- oder Kokosreisdrink.

Was die großen Mahlzeiten angeht, esse ich gern Hähnchenbrust, Rinderfilet, Fisch, Reis, Vollkornnudeln und viel Gemüse. Dabei achte ich sehr auf die Qualität der Produkte.

Am Ende des Tages möchte ich mit meiner Ernährung zufrieden sein und die notwendige Anzahl an Kalorien zu mir genommen haben.

MEINE BASICS:

- REIS
- HAFERFLOCKEN
- SCHOKOMÜSLI (OHNE ZUCKER)
- KARTOFFELN
- SÜSSKARTOFFELN
- ZUCCHINI
- GURKEN
- TOMATEN
- SALAT
- AVOCADO
- HÄHNCHENBRUSTFILET
- RINDERHACKFLEISCH ODER -FILET
- EIER
- REIS-KOKOS-DRINK
- QUARK
- KAKAOPULVER
- NÜSSE
- BEEREN
- BANANEN
- DUNKLE SCHOKOLADE (85% PLUS)

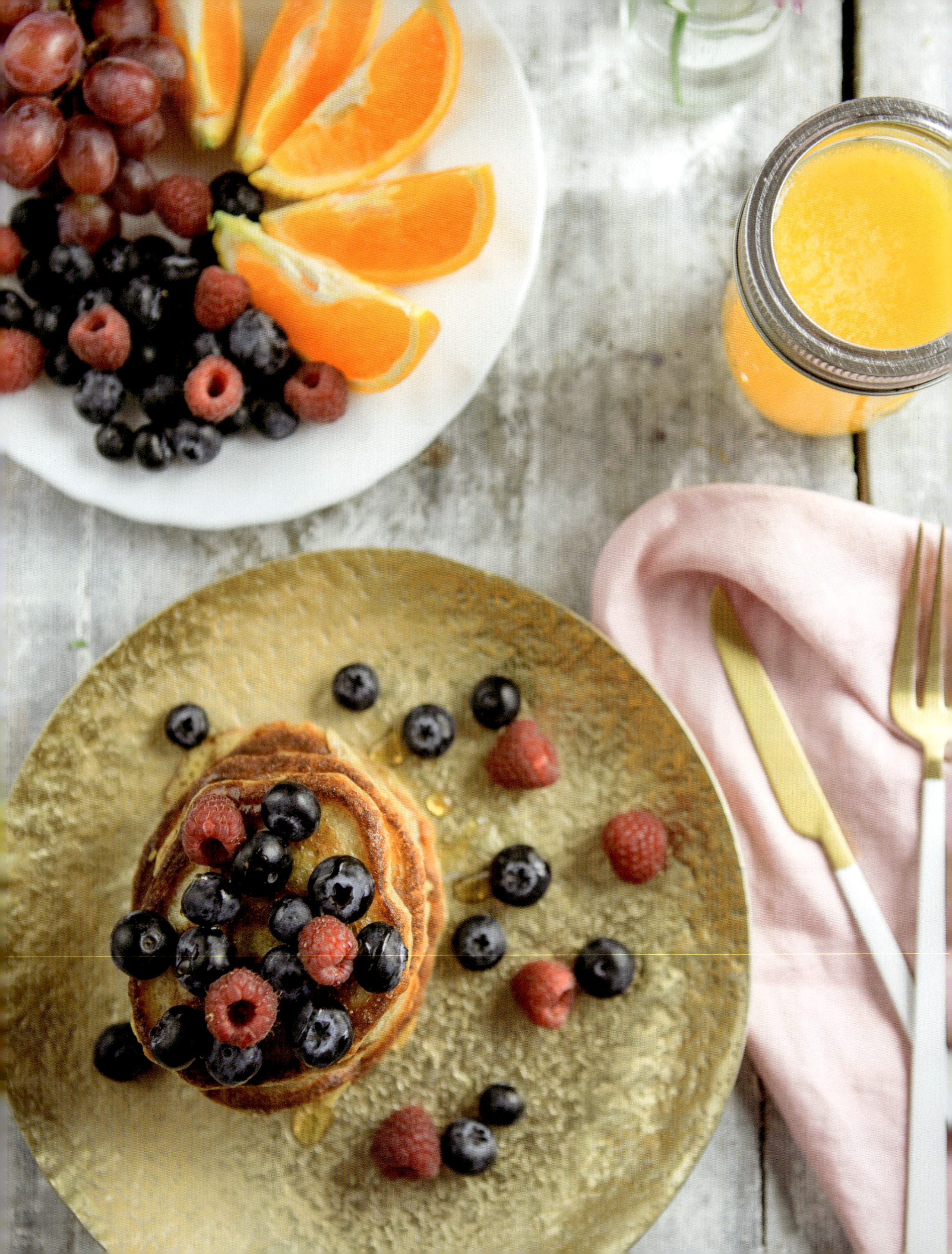

Frühstück
MEINE REZEPTE

Ein gesundes Frühstück ist der beste Start in den Tag! Dein Körper arbeitet auch nachts und benötigt morgens neue Energie. Das Frühstück stärkt dich für den Tag. Wer auf das Frühstück verzichtet, ist schlapp, müde und unkonzentriert. Dir fehlt quasi der Treibstoff. Deswegen habe ich auch schon in der Schulzeit Wert auf mein Frühstück gelegt. Das perfekte Frühstück liefert deinem Körper Kohlenhydrate, Proteine und Vitamine. Für gute Kohlenhydrate eignet sich Vollkornbrot aus Roggen, Dinkel oder Hafer. Diese Brotsorten enthalten viele Ballaststoffe, Vitamin B und wenig Fett. Dasselbe gilt übrigens auch für Haferflocken im Müsli! Ich habe schon oft gelesen, dass ein gesundes Frühstück den Stoffwechsel anregt und so das Abnehmen unterstützt.

NICHT OHNE MEIN FRÜHSTÜCK
Für mich als Ektomorph ist es extrem wichtig, morgens reichhaltig zu frühstücken und genügend Kalorien zu mir zu nehmen. Am liebsten esse ich morgens Müsli mit frischem Obst, das saisonal variiert. Obwohl ich das schon seit Jahren frühstücke, esse ich das wirklich immer am liebsten. Manchmal darf es aber doch etwas anderes sein. Was, siehst du auf den nächsten Seiten.

START YOUR DAY RIGHT!

FRUCHTIG-FRISCHES FRÜHSTÜCK

HAFERFLOCKEN-BANANEN-PANCAKES

Zutaten für 1 Portion (ca. 4–5 Pancakes):

- 2 EIER (Größe L)
- 1 SEHR REIFE BANANE
- 70 g VOLLKORNMEHL
- 30 g ZARTE HAFERFLOCKEN
- 50 ml MANDEL- ODER SOJADRINK
- KOKOSÖL zum Ausbacken
- 1 Handvoll frischer Früchte, Joghurt und Ahornsirup zum Garnieren

Ja, Pancakes können auch gesund sein: Mit den richtigen Zutaten wie Vollkornmehl, Pflanzenmilch und frischem Obst sind sie ein echtes Power-Frühstück. Deswegen sind Pancakes bei Sportlern so beliebt.

ZUBEREITUNG:

Die Eier trennen. Eiweiß in einer Schüssel steif schlagen. Eiweiß und Eigelb kurz beiseitestellen. Die Banane schälen und in einer Schüssel zerdrücken. Das Eigelb und den Rest der Zutaten – bis auf das Eiweiß – zu der Banane geben. Alles mit einem Handrührgerät zu einem Teig verarbeiten. Nun das Eiweiß vorsichtig unter die Bananenmasse heben. Etwas Kokosöl in einer Pfanne erhitzen, einen großen Esslöffel Teig hineingeben und den Pancake auf jeder Seite ca. 1 Minute lang backen, zwischendurch wenden. Mit dem Rest des Teigs ebenso verfahren. Die Pancakes kannst du dann mit Obst, Joghurt und Ahornsirup dekorieren. So lecker!

PRO PORTION CA. 666 KCAL/ 2.788 KJ, F: 15 g, E: 28 g, KH: 94 g (OHNE GARNITUR)

AÇAÍ-BOWLE

Zutaten für 2 Portionen:

- 1 REIFE, GESCHÄLTE BANANE (TK)
- 200 g BEEREN (TK)
- 2 TL AÇAÍ-PULVER
- 100 ml MANDELDRINK
- 2 TL HONIG
- Bananenscheiben, Chiasamen, Kokoschips oder -flocken, Gojibeeren, Nüsse nach Belieben als Toppings

Eine Açaí-Bowle sieht nicht nur toll aus – in ihr stecken auch sehr gute Eigenschaften, die dir genug Power für den Tag geben. Die Grundlage einer Açaí-Bowle ist die Açaí-Beere. Dieses Superfood wächst vor allem in Lateinamerika: Es soll fettverbrennende Eigenschaften und einen hohen Antioxidantien-Anteil haben. Außerdem soll diese Beere sich positiv auf den Cholesterinwert auswirken. Du kannst die Frucht in Pulver-, Saft- oder Püreeform in Bioläden oder Drogeriemärkten kaufen.

ZUBEREITUNG:

Die gefrorene Banane und die Beeren antauen lassen und anschließend mit dem Açaí-Pulver, dem Mandeldrink und dem Honig zu einem Püree mixen. Die Masse in eine Schüssel oder Schale geben. Typisch für Açaí-Bowlen sind die dekorativ arrangierten Toppings. Der Fantasie sind keine Grenzen gesetzt!

PRO PORTION CA. 190 KCAL / 796 KJ, F: 5 g, E: 3 g, KH: 31 g (OHNE TOPPINGS)

**PRO PORTION CA.
366 KCAL / 1.532 KJ, F: 9 g,
E: 16 g, KH: 52 g (OHNE
FRÜCHTE UND TOPPINGS)**

MÜSLI UND JOGHURT
MIT FRÜCHTEN

Zutaten für 1 Portion:

- FRÜCHTE (wie Granatapfel, Beeren, Bananen, Weintrauben, Kiwi oder Melone nach Belieben)
- 50 g ZARTE HAFERFLOCKEN
- 30 g HAFERCRUNCH
- 50 g FETTARMER GRIECHISCHER JOGHURT ODER MAGERQUARK
- Kokosflocken, roher Kakao, Chia-, Floh-, Lein- oder Hanfsamen, Kakaonibs, Rosinen, Mandeln oder Walnüsse nach Belieben als Toppings
- 100 ml REIS-KOKOSNUSS-DRINK (alternativ Mandel-, Reis- oder andere Pflanzendrinks)

Meistens starte ich, wie gesagt, meinen Tag mit einem Müsli. Mein Müsli besteht eigentlich immer aus denselben Zutaten. Ich liebe alles an diesem Müsli und deswegen möchte ich es auch nicht ändern. Außerdem steckt dieses Müsli voller wertvoller Nährstoffe und ist sehr gesund. Bitte keine Fertigmüslis verwenden, die enthalten viel zu viel industriellen Zucker! Wenn ich Lust auf Schokolade habe, gebe ich etwas veganes Schokomüsli dazu, das nur mit Agavendicksaft gesüßt ist.

ZUBEREITUNG:

Die Früchte waschen, putzen, evtl. schälen und klein schneiden. Haferflocken, Hafercrunch und klein geschnittenes Obst in einen tiefen Teller geben. Den griechischen Joghurt oder Magerquark und die Toppings nach Belieben hinzufügen. Zum Schluss den Pflanzendrink darübergießen. Noch viel besser sieht es aus, wenn du den Joghurt, die Früchte und die Müslimischung in ein Glas schichtest. Richtig fotogen, perfekt für Instagram!

PORRIDGE MIT FRÜCHTEN

Zutaten für 2 Portionen:

- 80 g ZARTE HAFERFLOCKEN
- 1 PRISE SALZ
- 1 KLEINER APFEL
- 50 ml HAFERDRINK
- 1 TL ZIMTPULVER
- 1 EL HONIG
- 200 g FRÜCHTE wie Beeren, Banane, Pfirsiche nach Belieben

PRO PORTION CA. 220 KCAL / 919 KJ, F: 3 g, E: 5 g, KH: 43 g

Langsam mausert sich Porridge zum Trendfood: Es ist vollwertig, hält lange satt und belastet nicht. Einfach toll!

ZUBEREITUNG:

In einem Topf 250 ml Wasser aufkochen. Die Haferflocken mit dem Salz einrühren und bei kleiner Hitze ca. 10 Minuten lang kochen lassen, dabei ab und zu umrühren. Anschließend den Brei etwas abkühlen lassen. Den kleinen Apfel waschen, schälen, putzen und in Stücke schneiden und mit Haferdrink, Zimt und Honig zum Porridge dazugeben.

Die Früchte waschen, evtl. schälen, putzen und klein schneiden und entweder unter den Porridge rühren oder darauf arrangiert servieren.

Am besten sofort verzehren: Dann ist der Porridge noch schön warm!

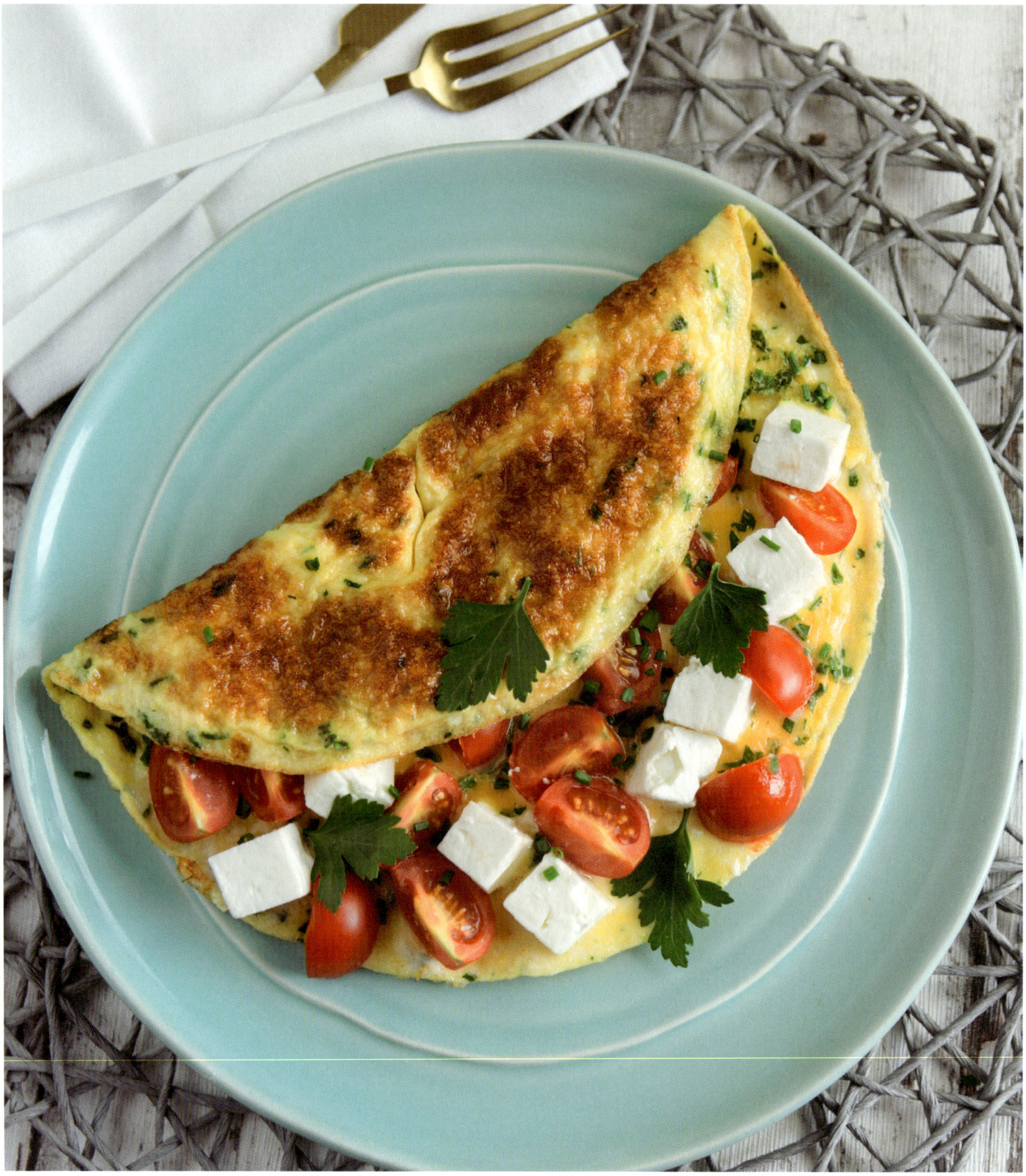

HERZHAFTES FRÜHSTÜCK

Wenn mir ein anstrengender Tag bevorsteht und ich morgens schon weiß, dass mein Mittagessen warten muss, darf mein Frühstück gern etwas herzhafter sein. Wichtig ist mir dann vor allem, dass es viel Energie in Form von Kohlenhydraten liefert.
Du musst dir gar keine großen Sorgen um die Kalorien machen, die du morgens zu dir nimmst. Der Körper benötigt die Energie und verbraucht diese auch in großen Teilen über den Tag verteilt. Morgens darfst du also richtig zuschlagen!

ZUBEREITUNG:

Die Tomaten waschen, putzen und vierteln. Den Schafskäse in Würfel schneiden. Den Schnittlauch und die Petersilie waschen, trocken schütteln und grob hacken. In eine Schüssel Eier, Milch, Pfeffer, Salz und die klein gehackten Kräuter geben und alles mit einer Gabel oder einem Schneebesen verquirlen. In eine beschichtete Pfanne etwas Öl geben und den Boden mit der Eiermischung bedecken. Ungefähr 5 Minuten bei mittlerer Hitze stocken lassen. Die Tomaten- und Schafskäsewürfel auf dem Omelett verteilen – und schon kannst du dieses herzhafte Frühstück genießen!

PRO PORTION CA. 644 KCAL / 2.696 KJ, F: 43 g, E: 50 g, KH: 9 g

OMELETT MIT TOMATEN UND SCHAFSKÄSE

Zutaten für 1 Portion:

- 100 g KIRSCHTOMATEN
- 100 g SCHAFSKÄSE
- FRISCHER SCHNITTLAUCH
- FRISCHE PETERSILIE
- 4 EIER (Größe L)
- 50 ml MILCH
- 1 PRISE PFEFFER
- 1 PRISE SALZ
- ÖL ZUM ANBRATEN

AVOCADOTOAST

Zutaten für 3 Portionen:

- 3 SCHEIBEN VOLLKORNBROT
- 1 REIFE AVOCADO
- SALZ & PFEFFER
- ETWAS ZITRONENSAFT

PRO PORTION CA. 223 KCAL / 934 KJ, F: 12 g, E: 5 g, KH: 22 g

Die Avocado ist zwar die fettreichste Frucht, aber sehr gesund. Sie enthält viele lebenswichtige Vitamine, Mineralstoffe und ungesättigte Fettsäuren. Studien zeigen, dass Avocados den Cholesterinspiegel senken, die Haut vor UV-Strahlung schützen und das Risiko einer Herz- und Krebserkrankung reduzieren.

Für ein schnelles, gesundes Frühstück ist ein Avocadotoast deswegen super geeignet und zudem schnell gemacht. Die Avocado ist außerdem reich an Ballaststoffen und hält lange satt. Das schützt dich vor Heißhungerattacken!

ZUBEREITUNG:

Das Vollkornbrot in einem Toaster oder im Ofen toasten. Die Avocado einmal rundherum einschneiden, dann beide Hälften in entgegengesetzter Richtung auseinanderziehen und den Kern entfernen. Mit einem Esslöffel das Fruchtfleisch herauslöffeln, in Stücke schneiden und in eine kleine Schüssel geben.

Mit einer Gabel die Avocado zerdrücken und mit etwas Salz, Pfeffer und ein paar Tropfen Zitronensaft verrühren. Den Toast nun mit der Avocadocreme bestreichen.

VARIATIONEN:

Alternativ kannst du die Avocadohälften auch in Scheiben schneiden, auf das Brot legen und würzen. Je nach Geschmack kannst du den Avocadotoast noch mit pochiertem Ei, Tomaten, Fetakäse, Frühlingszwiebeln, geräuchertem Lachs oder Frischkäse belegen. Anstatt mit einer einfachen Avocadocreme kannst du deinen Toast auch mit Guacamole genießen. Ein Rezept, mit dem du diese leicht zauberst, findest du rechts:

GUACAMOLE

Zutaten für 2 Portionen:

- 2 AVOCADOS
- 1 LIMETTE
- 1 ½ TOMATEN
- 1 CHILISCHOTE
- 2 KNOBLAUCHZEHEN (optional)
- 1 EL NATURJOGHURT
- SALZ & PFEFFER

ZUBEREITUNG:

Die Avocados halbieren und den Kern entfernen. Mit einem Esslöffel das Fruchtfleisch herauslöffeln, in eine Schüssel geben und mit einer Gabel zerdrücken.
Die Limette halbieren, auspressen und den Saft dazugeben. Die Tomaten waschen, putzen und in Würfel schneiden. Die Chilischote waschen, entkernen und klein hacken. Wenn du magst, kannst du noch 2 Knoblauchzehen schälen und klein hacken. Alle Zutaten und den Naturjoghurt zum Avocadomus dazugeben und kräftig verrühren. Mit Salz und Pfeffer würzen.
Die Guacamole passt nicht nur aufs Brot, du kannst sie auch als Dip zu Gemüse, Tacos oder Kartoffelecken verwenden.

PRO PORTION CA. 378 KCAL / 1.581 KJ, F: 32 g, E: 5 g, KH: 16 g

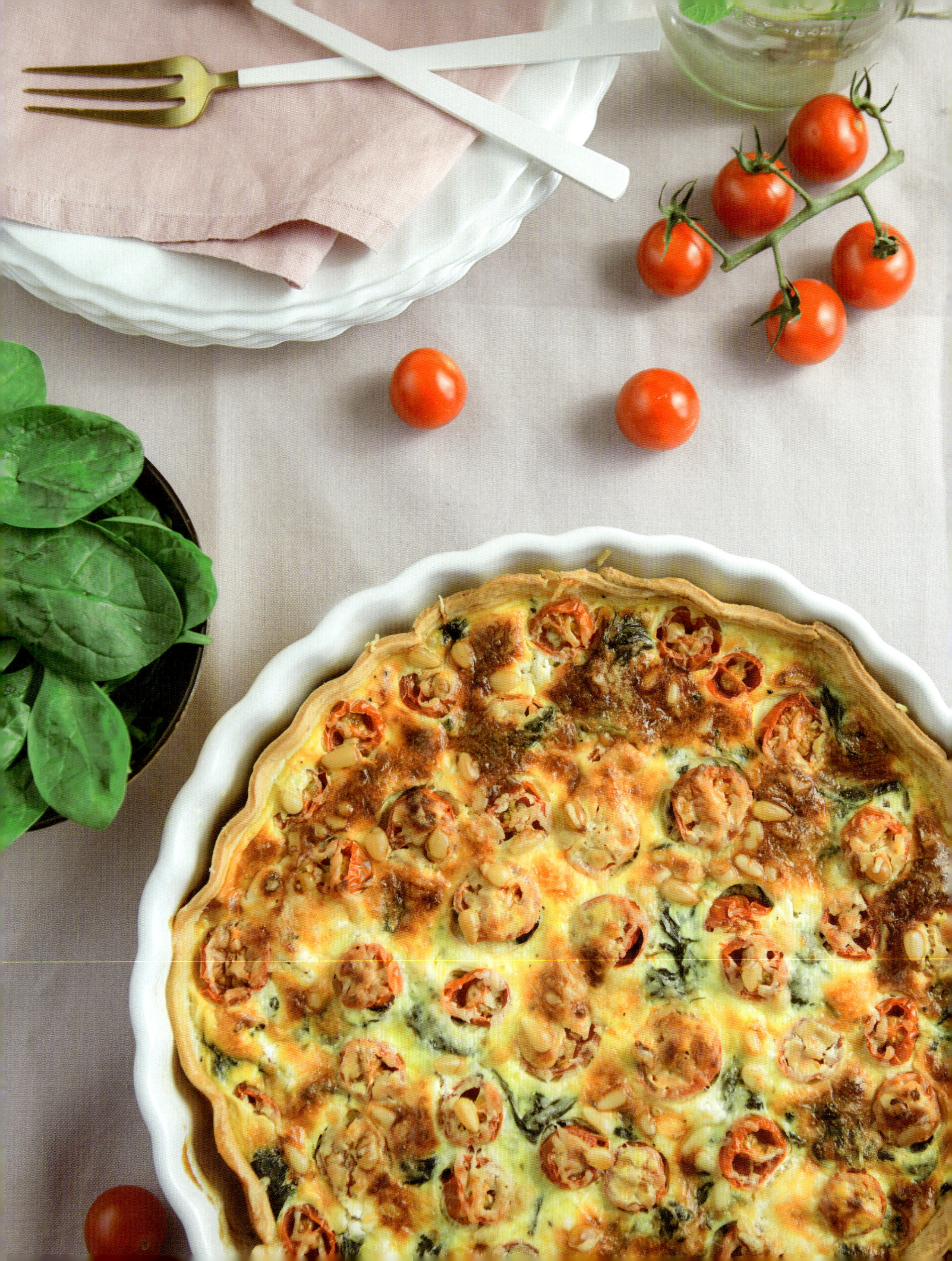

Lunch & Dinner

MEINE HAUPTGERICHTE

Um Zeit zu sparen, esse ich mittags und abends oft das Gleiche, indem ich einfach die doppelte Menge koche. Wenn es aber schnell gehen muss, esse ich mittags gern Salat und koche mir abends etwas Leckeres. Mir ist es wichtig, dass sich meine Gerichte zum Mitnehmen eignen.
Abends achte ich darauf, nicht zu schwer zu essen und die Verdauung nicht mit zu viel Rohkost zu beanspruchen.

ZUBEREITUNG:

FÜR DEN TEIG werden das Mehl und das Salz in eine Schüssel gegeben und miteinander vermischt. In die Mitte des Mehls nun eine Mulde drücken und 4 EL Wasser hinzufügen. Die Halbfettmargarine in die Schüssel löffeln und alles mit den Händen zu einem geschmeidigen Teig verkneten. Eine Teigkugel formen, diese in Frischhaltefolie wickeln und ca. 1 Stunde im Kühlschrank ruhen lassen. Dann den Boden und den Rand einer Springform mit ca. 28 cm Durchmesser mit Öl einfetten und mit ein wenig Mehl ausstreuen.
Den Teig nach 1 Stunde aus dem Kühlschrank holen, auf einer mit Mehl bestreuten Arbeitsfläche kurz durchkneten und zu einem Kreis mit einem Durchmesser von ca. 32 cm ausrollen.

QUICHE MIT SPINAT UND ZIEGENFRISCHKÄSE

Zutaten für 8 Portionen:

FÜR DEN TEIG:

- 250 g MEHL
- 1 TL SALZ
- 130 g HALBFETTMARGARINE
- ÖL für die Form
- MEHL für die Form und die Arbeitsfläche

FÜR DEN BELAG:

- 500 g JUNGER BLATTSPINAT
- 2 ZWIEBELN (optional)
- 1 KNOBLAUCHZEHE (optional)
- 1 EL OLIVENÖL
- SALZ, PFEFFER & MUSKAT
- 100 g ZIEGENFRISCHKÄSE
- 250 g COCKTAILTOMATEN

FÜR DEN GUSS:

- 5 EIER (Größe L)
- 100 ml MILCH
- 200 g SCHMAND
- SALZ, PFEFFER & MUSKAT
- 80 g EMMENTALER AM STÜCK
- 2 EL PINIENKERNE

Den Ofen auf 200 °C (Ober-/Unterhitze) vorheizen. Den Teig nun in der Springform auslegen, einen ca. 2 cm hohen Rand formen und andrücken. Den Teigboden mehrfach mit einer Gabel einstechen. Anschließend auf der mittleren Schiene ca. 10 Minuten vorbacken und wieder herausnehmen.

FÜR DEN BELAG den Spinat waschen und abtropfen lassen. Solltest du tiefgekühlten Blattspinat verwenden, diesen auftauen lassen und anschließend kurz auspressen. Bei den nächsten Schritten lasse ich persönlich die Zwiebeln und den Knoblauch weg. Wenn du aber gern Zwiebeln magst, schäle sie und schneide sie in kleine Würfel. Den Knoblauch schälen und zerdrücken. Dann in einer Pfanne das Olivenöl erhitzen und die Zwiebelwürfel darin andünsten. Nun den Spinat und den Knoblauch hinzufügen, einen Deckel auflegen und den Spinat zusammenfallen lassen.

Mit Salz, Pfeffer und Muskat würzen. Den Spinat in einem Sieb abtropfen lassen, ausdrücken und abkühlen lassen. Anschließend mit dem Ziegenfrischkäse vermengen. Nun die Tomaten waschen, putzen und in Hälften schneiden.
Die Ziegenkäse-Spinat-Mischung auf den vorgebackenen Mürbeteig in die Springform geben, gleichmäßig verteilen und mit den Tomatenhälften belegen.

FÜR DEN GUSS werden Eier, Milch und Schmand verrührt, mit Salz, Pfeffer und Muskat gewürzt und auf die Spinatmischung gegossen. Dann den Emmentaler Käse fein reiben und darüberstreuen.
Die Quiche im Backofen auf der mittleren Schiene bei 200 °C ca. 45 Minuten backen. Falls die Quiche zu dunkel wird, solltest du sie mit Alufolie für den Rest der Backzeit abdecken. Ungefähr 5 Minuten vor Backzeitende mit den Pinienkernen bestreuen. Vor dem Aufschneiden solltest du die Quiche erst etwas abkühlen lassen, damit die Masse nicht auseinanderfällt.

PRO PORTION CA. 402 KCAL / 1.683 KJ, F: 25 g, E: 15 g, KH: 27 g

TIPP:
Du kannst die Quiche auch sehr gut einfrieren. Zum Servieren lässt du sie erst auftauen und backst sie dann im Ofen bei ca. 200 °C (Ober-/Unterhitze) etwa 10 Minuten auf.

GEMÜSEREIS
MIT HÄHNCHEN

Zutaten für 4 Portionen:

- 250 g VOLLKORNREIS
- SALZ & PFEFFER
- 500 g HÄHNCHENBRUSTFILET
- 5 FRÜHLINGSZWIEBELN
- 2 ROTE PAPRIKASCHOTEN
- 1 GELBE PAPRIKASCHOTE
- 10 COCKTAILTOMATEN
- 1 KNOBLAUCHZEHE (optional)
- 2 EL OLIVENÖL
- 1–2 EL PAPRIKAPULVER, rosenscharf
- 1 EL SESAM zum Bestreuen

ZUBEREITUNG:

Den Reis nach Packungsanweisung in kochendem Salzwasser zubereiten. Das Hähnchenfleisch unter kaltem Wasser abspülen, trocken tupfen und in mundgerechte Stücke zerteilen. Das gesamte Gemüse waschen, putzen und trocken tupfen. Die Frühlingszwiebeln in Ringe schneiden. Die Paprikaschoten halbieren, entkernen und in kleine Streifen oder Würfel schneiden. Die Tomaten ebenfalls in Stücke schneiden. Wer eine Knoblauchzehe hinzufügen möchte, schält diese und hackt sie klein.

In einer Pfanne das Öl erhitzen und die Frühlingszwiebeln (mit dem Knoblauch) glasig dünsten. Das Geflügelfleisch hinzufügen und ca. 2 Minuten mitbraten. Anschließend Paprika und 500 ml Wasser dazugeben und mit Salz, Pfeffer und Paprikapulver nach Belieben würzen. Alles gut durchmischen und zugedeckt bei kleiner Hitze und unter gelegentlichem Rühren 15–20 Minuten köcheln lassen.
Den fertig gekochten Reis abtropfen lassen, mit in die Pfanne geben und zusammen mit den Tomaten ca. 3 Minuten erhitzen. Zum Schluss noch einmal würzen, in eine Schüssel geben, mit Sesam bestreuen und genießen!

**PRO PORTION CA. 610 KCAL / 2.555 KJ,
F: 8 g, E: 41 g, KH: 90 g**

SPINAT ist mein Favorit, aber du kannst natürlich auch **RUCOLA, KOPFSALAT, FELDSALAT** oder Ähnliches verwenden.

KICHERERBSEN gehören für mich in jeden Salat. Oder du nimmst **ERBSEN** oder andere **BOHNEN**, wie zum Beispiel **KIDNEYBOHNEN**.

Vor dem Verzehren einfach das Weckglas schließen und gut schütteln!

SCHICHTSALAT IM WECKGLAS

Oft muss es mit dem Mittagessen schnell gehen. Zwischen Meetings und anderen Terminen habe ich meist keine Zeit, mir etwas zu kochen, und Essen zu bestellen ist auf Dauer auch nicht das Wahre. Schichtsalate sind deshalb besonders praktisch! Du kannst sie einfach morgens oder am Abend davor in einem Glas zubereiten und am nächsten Tag mitnehmen. Dadurch, dass das Dressing schon mit drin ist, brauchst du nichts mehr außer einer Gabel. Wichtig: Das Glas sollte, wenn möglich, immer senkrecht transportiert werden. So weicht das Dressing den Salat nicht vorzeitig auf. Ich mag es, immer neue Zutatenkombinationen zu probieren. Meine Lieblingszutaten zeige ich dir hier.

GEBRATENES RINDFLEISCH mag ich am liebsten, aber **HÄHNCHEN**, **SCAMPI** oder **THUNFISCH** passen auch sehr gut.

KÜRBISKERNE, SONNENBLUMENKERNE, SESAM oder **ANDERE KERNE** runden den Salat ab und machen ihn noch knackiger.

FETAKÄSE für die Extraportion Protein. Andere Käsesorten gehen natürlich auch.

QUINOA steckt voller Energie und passt super zum Salat. Die Alternativen hier: **BULGUR, NUDELN** oder **COUSCOUS**.

MAIS oder Ähnliches gibt dem Salat einen süßlichen, frischen Geschmack.

Das Gemüse mit einem höheren Wasseranteil gehört auf das Dressing, bei mir sind es meistens **TOMATEN** oder **GURKEN**.

Dein liebstes Dressing, meins ist **BALSAMICO**, sollte im Glas ganz unten sein, damit die anderen Zutaten nicht weich werden.

MIX & MATCH

Perfekt für die Mittagspause und als Snack to go sind leckere Wraps und Sommerrollen, die sich nach Lust und Laune belegen lassen. Dafür kannst du sogar die gleichen Zutaten verwenden. Einfach den Belag aus der Mitte nach Belieben wählen.

ZUBEREITUNG VON SOMMERROLLEN:

Sommerrollen sind ein leichtes, schnelles und vielfältiges Essen.
Dafür tauchst du Reispapierblätter, die man inzwischen in Supermärkten kaufen kann, einzeln für einige Sekunden in einen Teller mit lauwarmem Wasser. Die weichen Reispapierblätter dann auf eine angefeuchtete Arbeitsfläche legen.
Nun legst du den Wunschbelag (am besten das Gemüse in Streifen schneiden) quer in die Mitte und rollst ihn mit etwas Druck eng ein. Dazu passt am besten ein Sojadip mit gehackten Erdnüssen und geröstetem Sesam.

ZUBEREITUNG VON WRAPS:

Für Wraps verwendest du entweder fertige Tortilla-Wraps oder stellst deine eigenen dünnen Fladenbrote oder Pfannkuchen her. Tortilla-Wraps werden vor dem Belegen entweder in der Mikrowelle oder in der Pfanne kurz erhitzt.

Anschließend mit Frischkäse oder Guacamole bestreichen, nach Wunsch belegen und fest einrollen.

Wahlweise gebratenes **RINDFLEISCH, HÄHNCHEN, SCAMPI** oder **THUNFISCH** hinzufügen.

LUNCHBOXEN

Lange unterwegs sein und trotzdem gesund essen? Mit Lunchboxen gehst du sicher, dass du dich gesund ernährst und genug Energie hast – auch wenn es mal stressig ist oder du den ganzen Tag unterwegs bist.

Ich packe in meine Lunchbox meistens etwas Süßes, wie zum Beispiel Obst, etwas Knackiges, wie Nüsse oder Gemüse, und etwas Herzhaftes. Für die Lunchbox-Gerichte kannst du dich gern von den Rezepten in diesem Kapitel inspirieren lassen. Gut geeignet dafür ist beispielsweise der Hühnchen-Gemüsereis, Hummus mit Gemüse, Avocadotoast, Wraps, Sommerrollen, Hirsesalat, Quinoasalat oder ein Stück von der Spinatquiche.

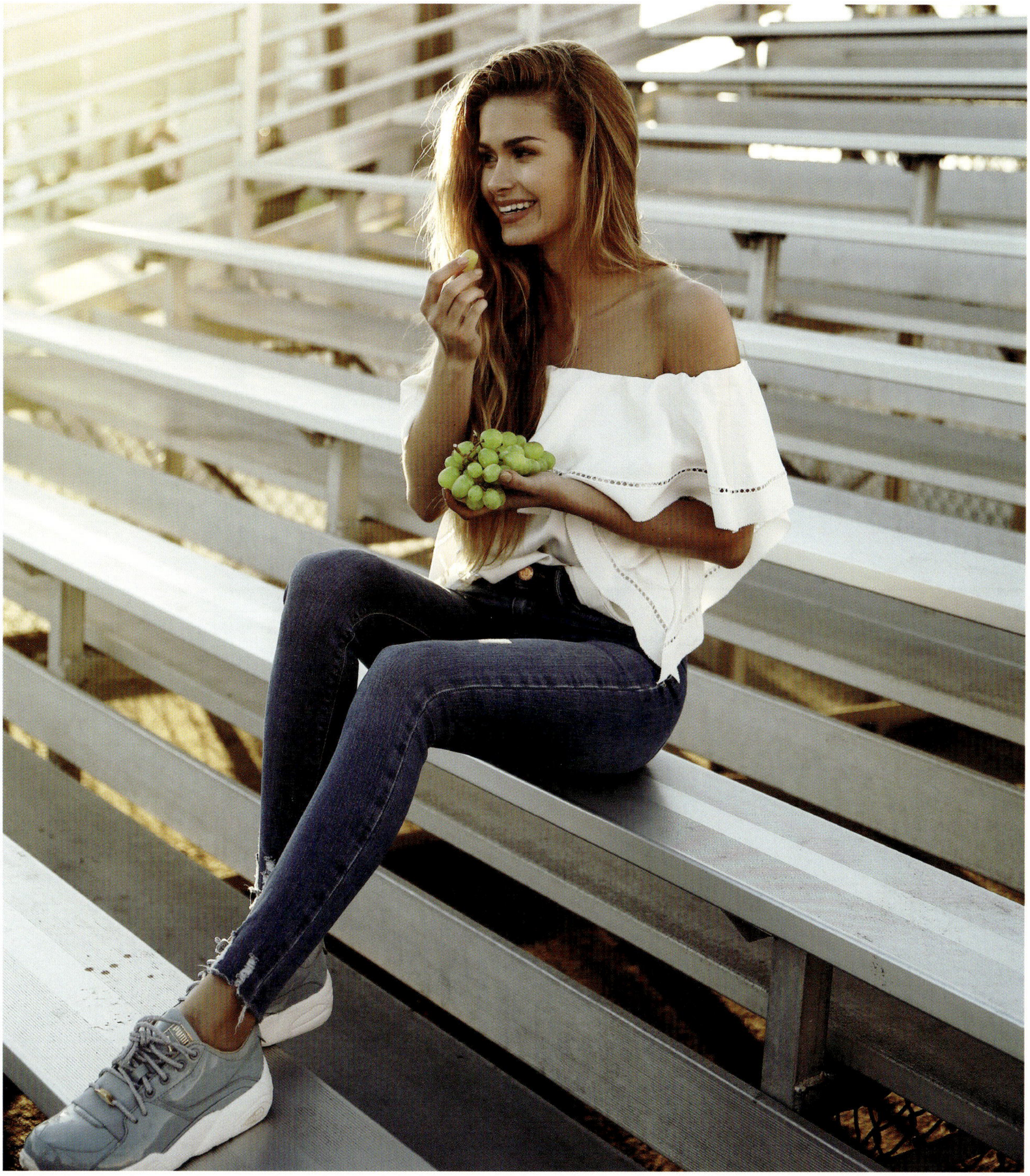

Beilagen

HUMMUS

Zutaten für 6 Portionen:

- 250 g GETROCKNETE KICHERERBSEN
- 3 KNOBLAUCHZEHEN (optional)
- SALZ
- 2 ZWEIGE GLATTE PETERSILIE
- 4 EL SESAMPASTE (TAHIN)
- 2–3 EL OLIVENÖL
- 1 TL CAYENNEPFEFFER
- 1/2 TL KREUZKÜMMEL (KUMIN)
- 1 TL PAPRIKAPULVER, edelsüß
- 4 EL ZITRONENSAFT

Hummus ist perfekt geeignet als Dip zu Gemüse oder Brot, für Partys oder zum Mitnehmen. Und dabei auch noch unglaublich lecker und sättigend!

ZUBEREITUNG:

Die Kichererbsen über Nacht zum Quellen in Wasser einweichen. Am nächsten Tag mit warmem Wasser in einem Topf bei mittlerer Hitze 40–45 Minuten lang köcheln. Anschließend in ein Sieb schütten und mit kaltem Wasser abspülen.
Auch hier kannst du auf den Knoblauch verzichten, so wie ich normalerweise, ansonsten die Knoblauchzehen schälen und mit etwas Salz zerreiben. Dann die Petersilie waschen, trocken schütteln und ein paar Blätter zur Seite legen. Kichererbsen, Sesampaste, evtl. Knoblauch, Petersilie und Olivenöl mit 150 ml Wasser in einem Mixer oder mit einem Pürierstab zu einer feinen Paste mixen. Mit 1 TL Salz, Cayennepfeffer, Kreuzkümmel, Paprikapulver und Zitronensaft würzen und abschmecken. Das Hummus zudecken und für ca. 30 Minuten kalt stellen. Anschließend in eine Schüssel geben und mit den restlichen Petersilienblättern und einigen Öltropfen garnieren.

PRO PORTION CA. 230 KCAL / 962 KJ, F: 11g, E: 9g, KH: 20g

QUINOASALAT
MIT TRAUBEN UND AVOCADO

Zutaten für 2 Portionen:

- 100 g QUINOA
- 1 AVOCADO
- 150 g WEINTRAUBEN
- ½ CHILISCHOTE
- ½ BUND FRISCHE MINZE
- ½ ZITRONE
- SALZ & PFEFFER
- 1 TL HONIG
- 2 EL OLIVENÖL

ZUBEREITUNG:

Quinoa in einem feinmaschigen Sieb mit heißem Wasser gut abspülen, in einen Topf geben und mit 280 ml Wasser aufkochen lassen.

Bei mittlerer Hitze ca. 18 Minuten köcheln lassen und anschließend ca. 10 Minuten quellen lassen. Dann die Quinoa-Körner in ein Sieb schütten, das restliche Wasser ausdrücken, in eine Schüssel geben und abkühlen lassen.

Die Avocado halbieren, den Kern entfernen und mit einem Esslöffel das Fruchtfleisch herauslöffeln und würfeln. Die Weintrauben waschen und trocken tupfen. Die Chilischote waschen, trocken tupfen, entkernen und fein hacken. Die Minze waschen, trocken schütteln, einige Blätter zur Seite legen und den Rest klein hacken.

Für das Dressing die halbe Zitrone auspressen und den Saft mit etwas Salz, Pfeffer, Honig und Öl verrühren. Alle Zutaten und das Dressing miteinander vermischen und durchziehen lassen.

Zum Schluss in Schälchen oder auf Teller geben und mit den restlichen Minzeblättern dekorieren.

PRO PORTION CA. 560 KCAL / 2.345 KJ, F: 33 g, E: 9 g, KH: 52 g

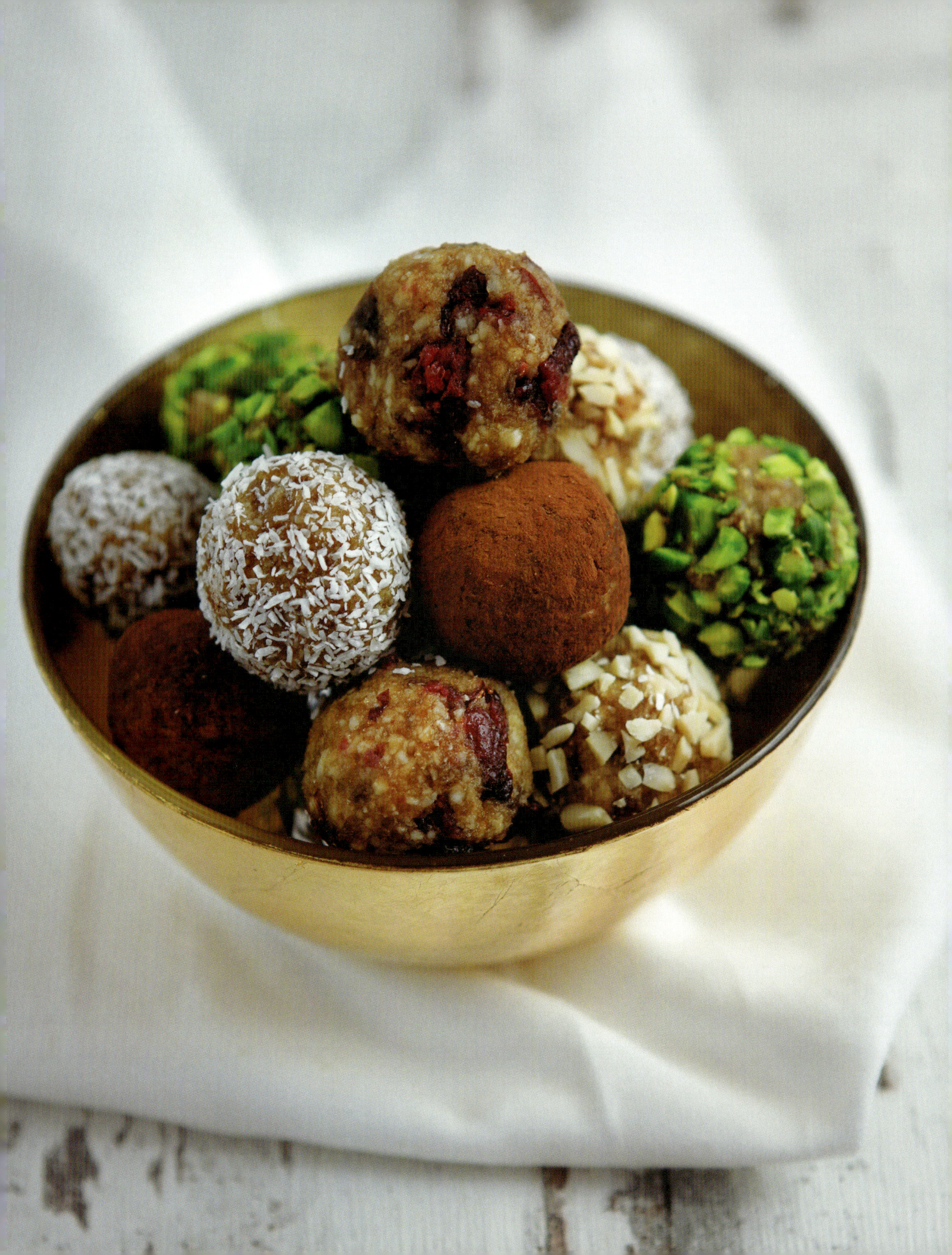

Snacks & Sweets

Kommen wir zu meinem Lieblingsthema: Sweets! Jeder freut sich doch beim Essen schon auf das Dessert, oder? Da ich täglich auf jeden Fall 3 Mahlzeiten zu mir nehme, reichen mir aber meist kleine Snacks für zwischendurch. Wenn ich an meinem Schreibtisch sitze, brauche ich manchmal einfach etwas zum Snacken. Das kennst du bestimmt auch! Aber bevor ich mir einfach eine Tafel Schokolade aufmache, schneide ich mir lieber frisches Obst. Zum Löffeln für zwischendurch oder auch für meine Gäste mache ich gern Superfood-Pudding oder einen leckeren Kokosmilchreis.

Da ich generell immer ein wenig im Voraus einkaufe, habe ich beispielsweise ständig die Zutaten für Energy-Balls im Haus. Sie sind klein und kalorienreich, was für mich tolle Power für zwischendurch bedeutet. Wenn ich Heißhunger verspüre, dann weiß ich, dass mein Körper Energie benötigt. Die möchte ich ihm natürlich nicht vorenthalten. Es ist also nicht schlimm, den Heißhunger zu stillen, solange es nicht mit ungesunden Lebensmitteln wie Schokotorte und Fast Food passiert. Ein paar meiner Lieblingsrezepte eignen sich auch toll zum Mitnehmen, sodass du auch unterwegs gegen Heißhungerattacken gewappnet bist!

SNACKS SOLLTEN LEICHT SEIN UND POWER GEBEN.

ENERGY-BALLS
BASISREZEPT

Zutaten für ca. 15 Energy-Balls:

- 250 g GETROCKNETE DATTELN
- 100 g GERÖSTETE MANDELN
- 1 PRISE SALZ
- gehackte MANDELN oder KAKAO nach Belieben

PRO ENERGY-BALL CA. 90 KCAL / 377 KJ, F: 4 g, E: 2 g, KH: 12 g (OHNE GEHACKTE MANDELN UND KAKAO)

ENERGY-BALLS MIT PISTAZIEN UND LIMETTEN

Zutaten für ca. 15 Energy-Balls:

- 150 g GETROCKNETE DATTELN
- 120 g GESCHÄLTE PISTAZIEN (die Energy-Balls werden in 20 g gehackten Pistazien gerollt)
- SAFT VON 5 LIMETTEN

PRO ENERGY-BALL CA. 75 KCAL / 314 KJ, F: 4 g, E: 2 g, KH: 9 g

ENERGY-BALLS MIT CRANBERRY UND VANILLE

Zutaten für ca. 15 Energy-Balls:

- 150 g GETROCKNETE DATTELN
- 100 g GETROCKNETE CRANBERRYS
- 50 g ROHE CASHEWKERNE
- 2 TL GEMAHLENE VANILLE
- 1 PRISE SALZ

PRO ENERGY-BALL CA. 72 KCAL / 301 KJ, F: 2 g, E: 1 g, KH: 13 g

ZUBEREITUNG:

Alle Zutaten in einem leistungsstarken Mixer für einige Sekunden so lange mixen, bis sie eine Masse bilden. Bei Bedarf zwischendurch etwas Wasser hinzufügen, um die gewünschte Konsistenz zu erreichen. Die Masse sollte jedoch nicht zu feucht sein. Nun mit den Händen daraus 10–15 Kugeln formen und kühl stellen. Zum Schluss kannst du die Energy-Balls in gehackten Mandeln oder Kakao rollen.

FAUSTFORMEL FÜR EIGENE KREATIONEN:

$1/3$ NÜSSE

$2/3$ TROCKENFRÜCHTE

BANANA-BREAD

Zutaten für ca. 12 Stücke:

- 4 SEHR REIFE BANANEN
- 120 g UNGESÜSSTES APFELMUS
- 2 EIER (Größe L)
- 2 EL HONIG
- 250 g DINKELVOLLKORNMEHL
- ½ PCK. BACKPULVER
- 1 TL ZIMTPULVER
- 60 g GEHACKTE WALNÜSSE ODER MANDELN
- 1 PRISE SALZ

Backpulver und dem Zimt vermischen. Zum Bananenmus geben und alles gut vermengen, bis ein Teig entstanden ist. Anschließend die Nüsse unterheben. Den Teig in eine 25 cm lange, gefettete Kastenform füllen und ca. 50 Minuten backen. Mit einem Holzstäbchen prüfen, ob der Teig schon gar ist, dann aus der Form lösen und abkühlen lassen. Erst dann das Bananenbrot in ca. 1 cm große Stücke schneiden und servieren. Schmeckt sowohl lauwarm als auch kalt sehr gut!

PRO STÜCK CA. 180 KCAL / 754 KJ, F: 5 g, E: 5 g, KH: 27 g

Das Banana-Bread (Bananenbrot) ist kein Brot, sondern eher eine Art Kuchen. Ich mache den Kuchen sehr gern, um überreife Bananen zu verarbeiten.

Durch diese Bananen bekommt der Kuchen eine natürliche Süße. Durch die Zugabe von Apfelmus kommt er auch ohne Butter oder Öl aus.

ZUBEREITUNG:

Den Backofen auf 180 °C (Ober-/Unterhitze) vorheizen. Die Bananen schälen, in einer Schüssel gut zerdrücken und mit dem Apfelmus vermischen. Die Eier und den Honig hinzufügen und alles miteinander verrühren.
In einer anderen Schüssel das Mehl mit dem

HAFERCRUNCH

BANANENSCHEIBEN

KAKAONIBS

CHIA

BANANEN

MOUSSE

CHIAPUDDING
BANANE-SCHOKO

Zutaten für 2 Portionen:

- 300 ml UNGESÜSSTE KOKOSMILCH
- 3 EL CHIASAMEN
- 2 TL VANILLEEXTRAKT
- 3–4 EL AHORNSIRUP
- 1 AVOCADO
- 3–4 SEHR REIFE BANANEN
- 3 EL KAKAOPULVER
- 1 PRISE SALZ

ZUBEREITUNG:

Kokosmilch, Chiasamen, Vanilleextrakt und 2 Esslöffel Ahornsirup in eine Schüssel geben und gut verrühren. Den Chiapudding in den Kühlschrank stellen und nach 20 Minuten noch einmal durchrühren. Der Pudding sollte mindestens 1 Stunde oder am besten über Nacht quellen.

Für die Avocado-Schoko-Mousse das Fruchtfleisch der Avocado zusammen mit 2 geschälten Bananen, 1–2 Esslöffeln Ahornsirup, Kakaopulver und Salz in einen Mixer geben und mixen. Die fertige Mousse mindestens 1 Stunde im Kühlschrank ziehen lassen.
Als Nächstes wird die Bananenschicht hergestellt, für die man einfach nur 1–2 Bananen zerdrückt oder im Mixer zu einer Masse püriert.

Zum Servieren die Avocado-Schoko-Mousse in hohe Gläser oder andere geeignete Gefäße umfüllen. Die Bananenmasse und den Chiapudding daraufgeben und abschließend mit Bananenscheiben, Hafercrunch und Kakaonibs toppen.

PRO PORTION CA. 872 KCAL / 3.651 KJ, F: 50 g, E: 14 g, KH: 78 g (OHNE TOPPINGS)

WAS SIND CHIASAMEN?

Chiasamen kommen aus Mexiko, Mittel- und Südamerika und waren schon den alten Mayas bekannt. In ihrer Kultur galten Chiasamen als Grundnahrungs- und Heilmittel. Laufboten nahmen die Samen als Energiespender mit sich. In ihrer Sprache heißt Chia übersetzt »Kraft«.

Chiasamen gelten als Superfood, und das nicht ohne Grund: Sie liefern sehr viel Protein und gesunde Ballaststoffe. Außerdem sind sie reich an Omega-3-Fettsäuren, Calcium und Eisen und wirken antioxidativ!

KOKOSMILCHREIS

Zutaten für 3 Portionen:

- 1 VANILLESCHOTE
- 400 ml UNGESÜSSTE KOKOSMILCH
- 240 ml REISDRINK (ODER WASSER)
- 1 PRISE SALZ
- 180 g RUNDKORN- ODER MILCHREIS
- 2 EL AGAVENDICKSAFT
- KOKOSFLOCKEN, FRISCHE ERDBEEREN UND KAKAONIBS zum Verfeinern und als Toppings

ZUBEREITUNG:

Die Vanilleschote längs aufschneiden und das Mark herauskratzen. In einem Topf Kokosmilch, Reisdrink, Salz und Rundkornreis aufkochen und unter gelegentlichem Rühren bei geringer Hitze ca. 25 Minuten köcheln lassen. Zum Schluss den Agavendicksaft, das Vanillemark und einige Kokosflocken dazugeben, mischen und in Teller oder Schälchen umfüllen. Mit frischen Erdbeeren, Kokosflocken und Kakaonibs garniert servieren.

PRO PORTION: 521 KCAL / 2.180 KJ, F: 25 g, E: 7 g, KH: 67 g (OHNE TOPPINGS)

VARIATIONEN:

Aus den Erdbeeren, Kokosflocken und etwas Wasser lässt sich durch Zusammenmixen der Zutaten auch eine tolle, frische Erdbeersoße herstellen, die du über den Milchreis geben kannst. Statt normaler Milch verwende ich gern Kokosmilch. Dadurch schmeckt das Ganze so fruchtig und exotisch. Gerade im Sommer gekühlt und mit süßen Früchten einfach superlecker! Du kannst es aber auch für eine Party in kleine Gläser abfüllen.

OBSTTELLER

Wenn ich nach dem Essen oder zwischendurch mal Lust auf etwas Süßes habe, greife ich auch sehr gern einfach zu Obst. Ich versuche, eigentlich immer ein paar Trauben oder eine Banane in meiner Tasche dabeizuhaben, falls ich unterwegs ein wenig Energie brauche. Ein bunter Obstteller ist nicht nur gesünder als jede Süßigkeit, sondern versorgt dich nebenbei außerdem mit wertvollen Nährstoffen und Vitaminen. Bananen, Beeren, Trauben und Orangen schmecken zusammen einfach nur köstlich!

TIPPS, UM MEHR OBST ZU ESSEN:

- Nimm immer eine Portion Obst für unterwegs mit.
- Kauf verschiedene Obstsorten ein – probier etwas Neues.
- Bereite kunterbunt gemischte Obstsorten zu einem Obstsalat zu.
- Mach dir täglich einen frischen Saft oder Smoothie.
- Iss deinen Joghurt oder Müsli mit frischem Obst.

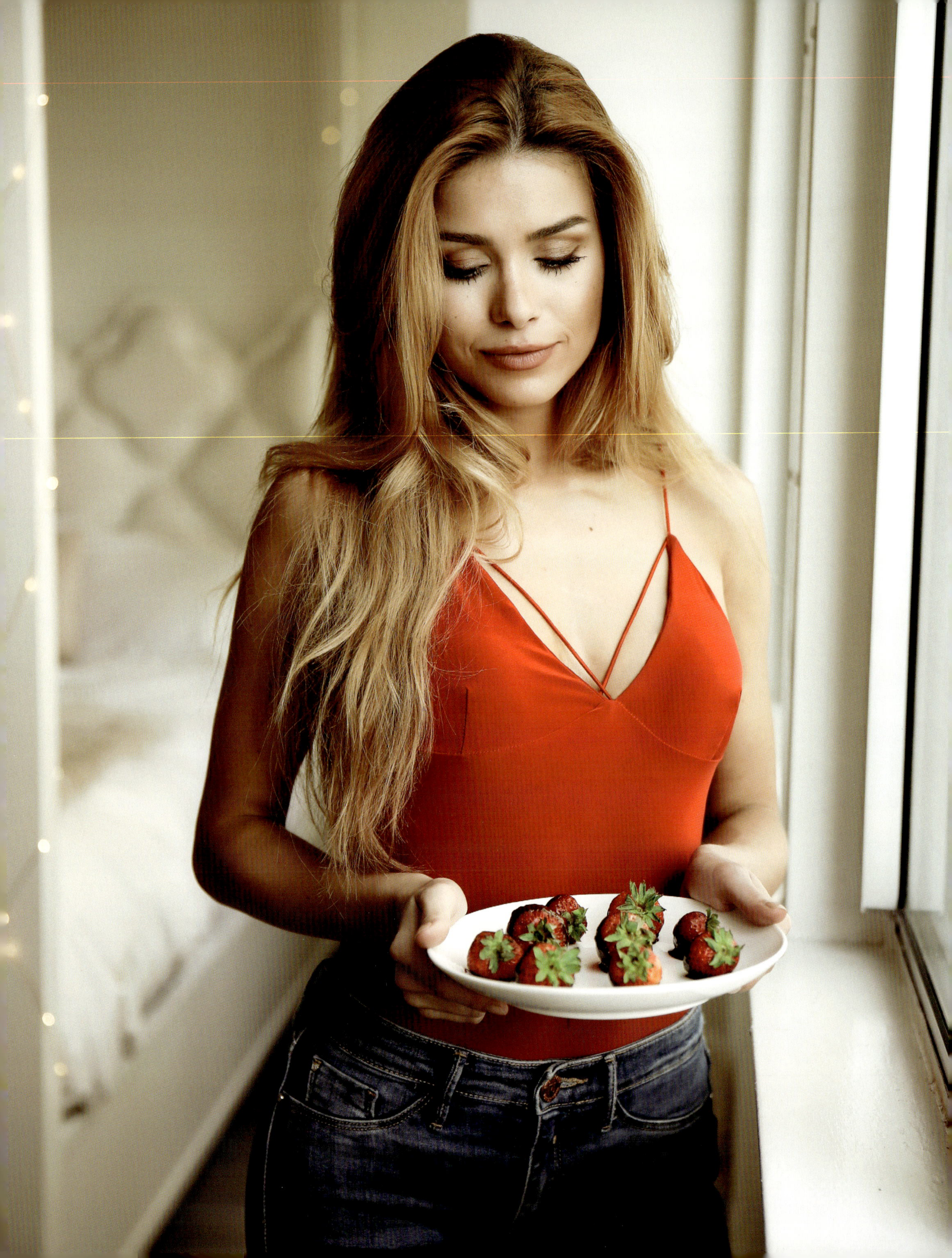

Cheaten? Meine Sünden!

Viele denken, ich sei immer auf Diät, würde meine Kalorien genau zählen und hätte seit Jahren keine Schokolade oder nichts mehr Fettiges gegessen.

Das stimmt so nicht! Für meinen Körpertypen ist es nötig, viel Energie aufzunehmen, um Muskeln aufzubauen. Und deshalb heißt es oftmals: Essen, essen, essen! Natürlich lässt sich das so pauschal nicht anwenden. Wer Fett verlieren und Muskeln aufbauen möchte, sollte dennoch auf die Kalorien achten.

Bestimmt hast du im Zusammenhang mit Diäten schon vom sogenannten »Cheat Day« gehört.

DER CHEAT DAY IST QUASI EIN TAG IN DER WOCHE, AN DEM GESÜNDIGT WERDEN DARF.

An diesem Tag ist alles erlaubt: Softdrinks, Burger oder Eis! Dieser Tag soll den Stoffwechsel ankurbeln und ist für den Genuss da. Ich kann mir vorstellen, dass es vielen hilft, eine Diät durchzuhalten.

EIN CHEAT DAY IST KEIN MUSS

Wenn du kein Verlangen danach hast, dann verzichte darauf gern. Denn oft ist es so, dass der Körper nach einer Ernährungsumstellung gar kein ungesundes Essen mehr fordert. Das ist doch ein tolles Ergebnis, oder?

AUS UNGESUND GESÜNDER MACHEN:

- Bestelle dir Pommes aus Süßkartoffeln.

- Wähle lieber gebratenes Fleisch anstelle von frittiertem.

- Statt Softdrinks Fruchtschorlen bestellen.

- Anstelle von einem süßen Nachtisch einen Espresso bestellen.

- Nicht mehr als einen Cheat Day in der Woche!

- Nicht zu spät am Abend sündigen! Der Körper kann die Energie nicht mehr verbrauchen und du schläfst schlechter mit einem vollen Bauch.

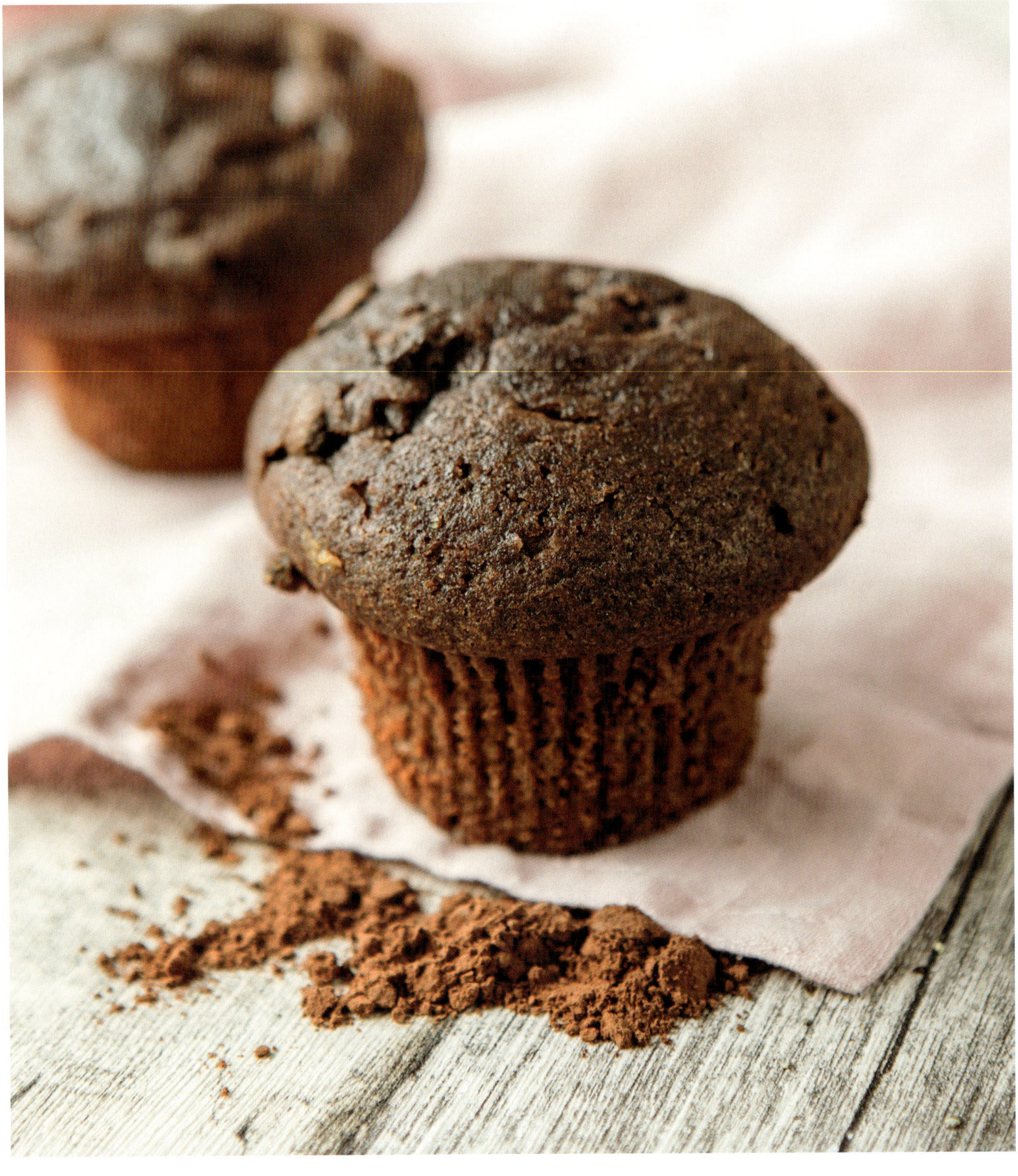

Ich liebe gesundes Essen – und wie es sich auf meinen Körper auswirkt. Das ist der Hauptgrund, warum ich mich so ernähre. Dennoch bin ich auch ein totaler Genießer und gehe supergern mit Freunden essen. Und dann esse ich auch mal Burger, Pommes, Pizza oder Pasta. Ja, wer hätte das gedacht!

Ich wiederhole mich zwar immer wieder, aber Essen ist bei mir wichtiger als Sport. Und nicht jedes Mal habe ich Lust auf etwas Deftiges, wenn ich essen gehe. Meistens bestelle ich mir etwas Gesundes, zum Beispiel ein Rinderfilet, Salat, Risotto, Reis mit Hühnchen, Fisch mit Gemüse oder Sushi.

DAS ALLERBESTE: SCHOKOLADE UND OBST

Mein großes Laster, wenn es ums Cheaten geht, ist Schokolade. Ich liebe Schokolade einfach viel zu sehr, um darauf dauerhaft verzichten zu können. Wenn ich nur wenig Heißhunger auf Schokolade habe, reicht mir meistens mein Schokomüsli. Muss es doch mehr sein, bereite ich mir Obstspieße zu, die ich in Schokolade tunke. Das ist so, so lecker! Davon kriege ich einfach nicht genug. Meine Lieblinge dafür sind Erdbeeren. Aber auch Bananen, Äpfel, Trauben, Kiwis oder Ananas eignen sich sehr gut. Probier's doch einfach mal mit deinem Lieblingsobst aus! Ich schmelze die Schokolade gern in der Mikrowelle, du kannst sie aber auch klassisch im Wasserbad erwärmen.
Für die Mikrowelle musst du die Schokolade zerbrechen und folgenden Vorgang ein paarmal wiederholen: 1 Minute in die Mikrowelle auf mittlerer Stufe, 1 Minute abkühlen lassen und umrühren.
Beim Wasserbad aufpassen, dass das Wasser nicht kocht und dass beim Umrühren kein Wasser in die Schokolade läuft.
Das Obst eventuell etwas klein schneiden, auf Spieße stecken und rein damit in die Schoki! Worauf ich außerdem nicht verzichten kann, das sind Schokomuffins. Frisch gebackene, noch warme Schokomuffins sind das Leckerste!

Drink up!

WASSER ALS LEBENSELIXIR

TRINKE MEHR WASSER:

- Installiere eine App, die dich ans Trinken erinnert.
- Sorge dafür, dass du immer eine große Wasserflasche dabeihast.
- Stelle dir immer ein Glas Wasser auf den Tisch und fülle es sofort nach, wenn du es ausgetrunken hast.
- Trinke aus einem Strohhalm! So trinkst du automatisch mehr.
- Du kannst dein Wasser mit Obst, Gemüse und Kräutern aufwerten. Das Wasser nimmt sogar einen Teil der Vitamine auf.

Wasser ist lebensnotwendig für den Körper, das wissen wir eigentlich alle.
Dennoch unterschätzen viele, wie wichtig Wasser wirklich ist. Wer zu wenig trinkt, fühlt sich schnell müde oder leidet an Kopfschmerzen.

Die Erklärung ist ganz einfach: Das Blut wird dickflüssiger und kann weniger Sauerstoff produzieren. Im Sommer oder beim Sport geht dem Körper durch das Schwitzen enorm viel Wasser verloren. Ich versuche immer, 2–3 Liter zu trinken. Um den Überblick zu behalten, fülle ich mir das Wasser in große Karaffen ab.

INFUSED WATER

FRUCHTIG:

- 1 BUND MINZE
- 1 L WASSER
- 20 BEEREN, z. B. Johannisbeeren, Blaubeeren, Himbeeren

DETOX:

- $\frac{1}{2}$ ZITRONE
- $\frac{1}{4}$ GURKE
- 1 GROSSER ROSMARINZWEIG
- 1 L WASSER

Die Zutaten gut waschen und mit dem Wasser aufgießen.

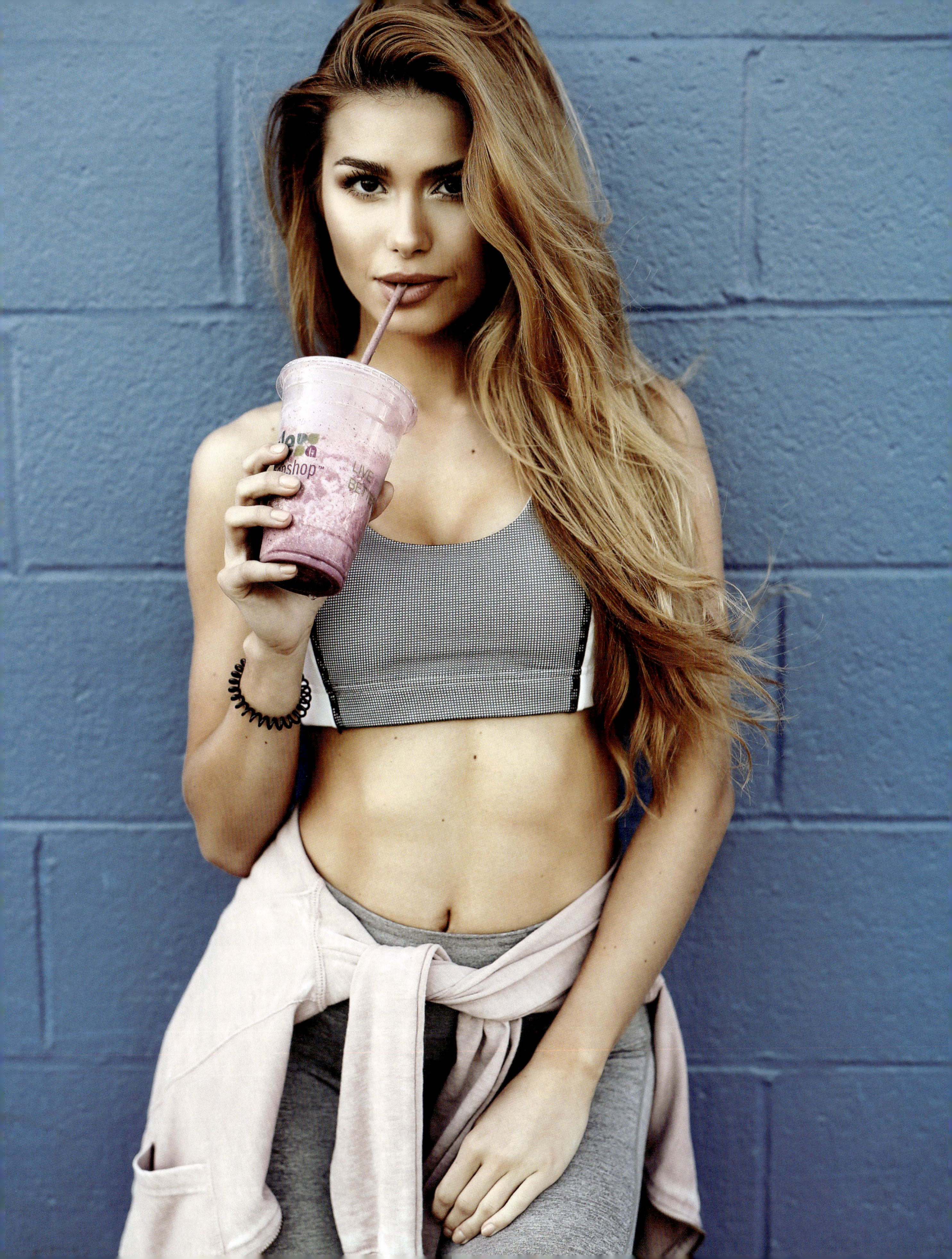

WAS KÖNNEN DETOX-SÄFTE?

Du hast bestimmt von dem Trend gehört, den Körper durch Säfte zu entgiften. Dabei handelt es sich nicht einfach um Fruchtsäfte, sondern um frische Detox-Säfte.

Das Prinzip der Detox-Säfte ist eigentlich ziemlich einfach:

AUF FESTE NAHRUNG WIRD VERZICHTET, WODURCH DIE VERDAUUNG ENTLASTET UND DER STOFFWECHSEL UND DIE FETTVERBRENNUNG ANGEREGT WERDEN.

Ich persönlich könnte mir aber nicht vorstellen, mich ein paar Tage lang oder sogar über Wochen nur von Säften zu ernähren. Das Ziel, den Körper von Giften zu befreien, finde ich aber sehr sinnvoll. Deshalb trinke ich jeden Tag viel Wasser und regelmäßig frische Säfte.

Möchtest du so eine Detox-Kur mal ausprobieren? Ein Mix aus viel Wasser und frischen Säften ist ideal. Die Anschaffung eines Entsafters ist relativ teuer: Aber vielleicht kannst du dir ja einen Entsafter ausleihen und das Ganze erst einmal ausprobieren.

Das Wichtigste an selbst gemachten Säften ist, dass sie nach dem Entsaften sofort getrunken werden sollten, da sie sonst schnell Nährstoffe verlieren.

GRÜNER SAFT

Zutaten für ca. 800 ml Saft:

- 5–6 HANDVOLL SPINAT (oder Grünkohl)
- 1 BIOGURKE
- 1 $\frac{1}{2}$ GRÜNE BIOÄPFEL
- 2 ORANGEN
- 1 TL WEIZENGRASPULVER
- $\frac{1}{2}$ ZITRONE

ORANGER SAFT

Zutaten für ca. 800 ml Saft:

- 500 g MITTELDICKE BIOKAROTTEN
- 250 g GRÜNE BIOÄPFEL
- 1 ORANGE
- 2 EL ZITRONENSAFT

ZUBEREITUNG:

Die Karotten waschen, putzen und halbieren. Wer den Saft lieblicher haben möchte, sollte die Karotten schälen, da ihre Schale den Saft bitter machen kann. Die Äpfel waschen, putzen und ungeschält vierteln. Die Orange waschen, schälen und halbieren. Nun Karotten, Äpfel und Orange in einen Entsafter geben und entsaften, anschließend mit dem Zitronensaft mischen und genießen.

GESAMT CA. 263 KCAL / 1.101 KJ, F: 1g, E: 4g, KH: 58g

ZUBEREITUNG:

Den Spinat waschen und trocken schütteln, die Gurke und den Apfel waschen und putzen. Alles in grobe Stücke zerkleinern, in einen Entsafter geben und entsaften.
Die Orangen waschen, schälen, halbieren und ebenfalls entsaften. 50 ml Wasser hinzufügen.
Das Weizengraspulver in einem kleinen Gläschen mit etwas Wasser auflösen, gut verrühren und in den Saft schütten. Die halbe Zitrone auspressen, den Saft ebenfalls dazugeben und alles nochmals verrühren.

GESAMT CA. 263 KCAL / 1.101 KJ, F: 1g, E: 5g, KH: 57g

SAFT VS. SMOOTHIE

Worin liegt eigentlich der Unterschied zwischen Säften und Smoothies? Säfte werden nicht wie Smoothies püriert, sondern mithilfe eines Entsafters hergestellt. Dadurch werden die festen Bestandteile von den Flüssigkeiten getrennt. Aus diesem Grund sind Säfte nicht so sättigend, aber leichter verdaulich.

Smoothies sind dickflüssiger, weswegen ich gern noch etwas Flüssigkeit hinzugebe. Smoothies sind einfach superpraktisch: Alles klein schneiden, in den Mixer – und fertig! Außerdem lassen sie sich auch super einige Stunden im Kühlschrank aufbewahren.

GRÜNER SMOOTHIE

Zutaten für ca. 800 ml Smoothie:

- ½ BANANE
- 1 ½ ORANGEN
- ½ AVOCADO
- 2 HANDVOLL SPINAT
- ¼ GURKE
- CA. 180 ml KOKOSWASSER
- 1 EL AHORNSIRUP (optional)

GESAMT CA. 553 KCAL / 2.315 KJ, F: 17 g, E: 11 g, KH: 74 g

ZUBEREITUNG:

Die halbe Banane schälen, die Orangen waschen und schälen. Die Avocado halbieren, den Kern entfernen und mit einem Esslöffel das Fruchtfleisch einer Hälfte herauslöffeln. Den Spinat waschen, trocken schütteln und alles in einen Mixer geben und kurz durchmixen. Die Gurke waschen, putzen, klein schneiden und mit dem Kokoswasser ebenfalls dazugeben. Nach Belieben Ahornsirup hinzufügen. Alles zu einer einheitlichen Masse mixen und bis zur gewünschten Konsistenz Kokoswasser dazugießen. Damit der Smoothie kalt wird, kannst du zum Schluss ein paar Eiswürfel hinzugeben oder das Kokoswasser vorher im Kühlschrank lagern.

BEEREN-SMOOTHIE

Zutaten für ca. 500 ml Smoothie:

- 60 g HEIDELBEEREN
- 60 g HIMBEEREN
- 100 g ERDBEEREN
- 1 ORANGE
- 180 ml UNGESÜSSTE KOKOSMILCH
- 20 ml KOKOSWASSER
- 1 TL AHORNSIRUP

GESAMT CA. 545 KCAL / 2.282 KJ,
F: 35 g, E: 8 g, KH: 40 g

BANANEN-SMOOTHIE

Zutaten für ca. 500 ml Smoothie:

- 1 ORANGE
- 1 ½ BANANEN
- ½ MANGO oder 1 EL AHORNSIRUP
- 150 ml UNGESÜSSTE, CREMIGE KOKOSMILCH
- 50 ml KOKOSWASSER
- 1 HANDVOLL EISWÜRFEL (oder 1 Schuss Wasser)
- 1–2 EL ZARTE HAFERFLOCKEN

GESAMT CA. 751 KCAL / 3.144 KJ,
F: 35 g, E: 8 g, KH: 90 g

ZUBEREITUNG BEEREN-SMOOTHIE:

Die Beeren verlesen, waschen und im Mixer mit der gewaschenen und geschälten Orange zerkleinern. Die Kokosmilch, das Kokoswasser und evtl. den Ahornsirup zu den Beeren geben und alles gut durchmixen. Die Kokosmilch und das Kokoswasser solltest du vorher im Kühlschrank lagern, damit du den Smoothie auch schön kühl genießen kannst.

ZUBEREITUNG BANANEN-SMOOTHIE:

Die Orange waschen, schälen und zusammen mit den geschälten Bananen und der halben gewaschenen, entsteinten und geschälten Mango in einem Mixer klein machen. Nach Belieben Ahornsirup hinzufügen. Kokosmilch, Kokoswasser und Eiswürfel (oder Wasser) dazugeben und nochmals mixen. Zum Schluss die Haferflocken hinzufügen und alles zu einem Smoothie verarbeiten. Durch die Haferflocken hält dich dieser Smoothie länger satt!

WAS BEI EIWEISS-SHAKES ZU BEACHTEN IST

Nach meinem Training trinke ich immer einen Eiweiß-Shake, um meinem Körper Energie zurückzugeben.

FÜR MICH IST DER SHAKE EINE IDEALE LÖSUNG, UM SCHNELL KALORIEN AUFZUNEHMEN UND SATT ZU WERDEN.

Eiweißpulver sind normalerweise sehr chemisch und voll mit Geschmacksverstärkern. Dadurch gibt es sie in so vielen Geschmacksrichtungen: Es gibt sogar welche, die, gemischt mit Wasser, zum Beispiel nach Schokolade schmecken. Das klingt im ersten Moment zwar toll, aber wenn ich an die Chemie denke, die darin steckt, vergeht mir der Appetit. Seit langer Zeit setze ich nun schon auf rein natürliche Zutaten in einem Eiweißpulver. In diesen Pulvern sind natürliche Proteinlieferanten und Superfoods enthalten.

Um meinem Eiweiß-Shake mehr Geschmack und Süße zu verleihen, mixe ich mein Proteinpulver mit Reisdrink. Für die Extraportion Kalorien gebe ich gern noch etwas griechischen Joghurt hinzu.

Statt eines Shakes kannst du natürlich auch Energie über eine normale Mahlzeit zu dir nehmen. Ich bin nach dem Training aber einfach viel zu hungrig und möchte nicht erst kochen. Auf die zusätzliche Energie darf ich als Ektomorph aber einfach nicht verzichten.

EIWEISS-SHAKE

Zutaten für ca. 300 ml Shake:

- 220 ml REISDRINK
- 70 g GRIECHISCHER JOGHURT
- 30 g PROTEINPULVER

GESAMT CA. 318 KCAL / 1.331 KJ, F: 10 g, E: 33 g, KH: 25 g

EIWEISS-ERDBEER-SHAKE MIT OBST

Zutaten für ca. 500 ml Shake:

- 200 ml REISDRINK
- 40 g HAFERFLOCKEN
- 50 g GRIECHISCHER JOGHURT
- 1 BANANE
- 50 g BEEREN
- 10 g KAKAOPULVER
- 20 g PROTEINPULVER (optional)

GESAMT CA. 522 KCAL / 2.186 KJ, F: 13 g, E: 16 g, KH: 80 g

ZUBEREITUNG EIWEISS-SHAKE:

Alle Zutaten in einem Mixer mixen. Statt Reisdrink kannst du natürlich auch andere Pflanzendrinks verwenden. Reisdrink mag ich am liebsten, da er eine natürliche Süße mitbringt. Die Variationen Kokos-Reis-Drink oder Reis-Mandel-Drink mag ich ebenfalls sehr gern.

Deinen Eiweiß-Shake kannst du auch noch sättigender gestalten. Das würde für mich dann als volle Mahlzeit gelten. Allerdings achte ich sowieso nicht auf die Anzahl der Mahlzeiten, sondern auf die Kalorienanzahl. Für eine ganze Mahlzeit gebe ich zum Shake noch Haferflocken, 1 Banane, Beeren und Kakaopulver. Für den Shake nutze ich am liebsten Erdbeeren, aber außerhalb der Saison auch gern gefrorene Beeren.

ZUBEREITUNG EIWEISS-ERDBEER-SHAKE:

Alle Zutaten in einem Mixer mixen. Den Reisdrink kannst du, wie beim Eiweiß-Shake, auch gegen einen anderen Pflanzendrink austauschen.
Dieser Shake hat sehr viele Kalorien. Wenn du Gewicht zunehmen möchtest, ist er für dich perfekt. Möchtest du abnehmen und Muskeln aufbauen, kannst du statt Reisdrink fettarme Kuhmilch verwenden und eventuell sogar die Haferflocken weglassen. Der Shake wird nach einiger Zeit zu deinem Alltag gehören – genau wie der Sport!

Workout
KEINE AUSREDEN!

FITNESS ISN'T A SEASONAL HOBBY. FITNESS IS A LIFESTYLE.

Ein definierter Körper bedeutet sehr viel Arbeit. Im Frühling versucht jeder, noch schnell in Topform zu kommen, bevor die Strandsaison losgeht. Ich bin absolut kein Fan davon, ein paar Wochen ein hartes Training durchzuziehen und danach wieder nachzulassen. Dein Körper wird dadurch schnell überlastet und du könntest dir sogar Verletzungen zuziehen.

FITNESS DURCH KONSEQUENTE DISZIPLIN

Mir ist es wichtig, zu vermitteln, dass ein definierter Körper jahrelange Arbeit ist und eben nicht über Nacht entsteht. Das ist keine Floskel: Ich arbeite wirklich, seitdem ich 16 bin, daran. Ich bin froh, so früh herausgefunden zu haben, dass mir der Kraftsport am meisten liegt. Mit der richtigen Sportart fällt alles so viel leichter und ist weniger lästig. Sport gehört zu meinem Alltag, ohne diesen zu dominieren.

Ich trainiere 4-mal die Woche 1 Stunde. Das mag wenig klingen, aber während dieser Stunde trainiere ich so hart, dass ich meinen Muskeln danach erst einmal eine Pause gönne. Normalerweise trainiere ich im Fitnessstudio, aber auf Reisen mache ich einfache Übungen im Hotel – oder wo es sich gerade anbietet. Im Fitnessstudio solltest du dich auf jeden Fall beraten lassen und mit dem Trainer deine Übungen besprechen. Der größte Fehler im Fitnessstudio ist, die Übungen falsch auszuführen. Bei vielen Übungen führt eine falsche Ausführung zur Überbelastung des Rückens. Ganz wichtig ist das Aufwärmen vor dem Krafttraining. Ausreichend sind rund 10 Minuten. Dabei sollten deine Muskeln erwärmt, aber noch keine Fettverbrennung angeregt werden: Das gelingt dir zum Beispiel super auf dem Fahrrad, StairMaster oder Crosstrainer.

WAS LEIDER OFT VERGESSEN WIRD

Das Aufwärmen wird leider oft unterschätzt. Dabei führt es zu einer besseren Durchblutung der Muskeln, was zu einem effizienteren Training führt. Deine Muskeln gewinnen an Elastizität und du reduzierst das Verletzungsrisiko. Das Aufwärmen ist also für das Training und den nachträglichen Muskelaufbau unerlässlich. Zu Hause kannst du dich leicht durch Treppensteigen, Seilspringen oder Liegestützen aufwärmen. Noch einfacher ist es, abwechselnd auf der Stelle zu joggen, in die Hocke zu gehen und im festen Stand mit einem Bein nach vorn zu kicken. Nach dem Aufwärmen kann es losgehen mit meinen Lieblingsübungen!

30 SEKUNDEN

CRUNCH

Ich starte mein Workout immer mit Übungen für die Bauchmuskulatur.
Hierbei beginne ich mit einem absoluten Basic, den Crunches. Bei den Crunches werden deine geraden und seitlichen Bauchmuskeln beansprucht. Für einen definierten Bauch und starken Rumpf eine tolle Übung, die sich überall machen lässt. Das Einzige, was du brauchst, ist eine Matte.

Als Erstes legst du dich mit dem Rücken auf die Matte und achtest darauf, dass auch dein unterer Rücken die Matte berührt und du kein Hohlkreuz bildest. Für diese erste Übung winkelst du nun deine Beine an und stellst die Zehen auf der Matte auf. Deine Hände legst du an die Schläfen, die Ellenbogen zeigen nach außen. Los geht's mit den Crunches!

In einer sanften Bewegung hebst du deinen Oberkörper in Richtung deiner Knie und spannst deinen Bauch an. Langsam rollst du deinen Oberkörper zurück, bis deine Schulterblätter fast wieder die Matte berühren. Und dann wieder von vorn.
Das Wichtigste dabei nicht vergessen: Atmen! Niemals die Luft anhalten. Am besten beim Zurückrollen des Körpers einatmen und stoßartig beim Anheben ausatmen.

Diese Übung führst du 20-mal aus oder anders gesagt 30 Sekunden lang. Wenn es dir schwerfällt, die Zehen auf der Matte stehen zu lassen, kannst du deine Beine gleichzeitig mit deinem Oberkörper anheben und in den rechten Winkel bringen.

30 SEKUNDEN

BICYCLE CRUNCH

Beim Bicycle Crunch werden vor allem deine seitlichen Bauchmuskeln so richtig beansprucht. Die Bewegungen lenken dich vom Brennen im Bauch ab, sodass du richtig Gas geben kannst.

Die Ausgangsposition ist wie bei den Crunches: auf dem Rücken liegend auf deiner Matte. Bei dieser Übung bleibt dein Bauch angespannt, da du mit deinem Oberkörper oben bleibst und ihn 30 Sekunden nicht auf die Matte absetzt. Der erste Step ist also, deinen Oberkörper anzuheben und deine Arme wie bei den Crunches in Position zu bringen.

Jetzt geht's los! Ein Bein winkelst du an und ziehst dein Knie Richtung Bauch. Das andere Bein streckst du in dem Moment aus. Es muss nicht komplett ausgestreckt sein: Einfacher ist es sogar, wenn du es locker streckst. Deine Füße sollten ebenfalls gestreckt sein und eine Linie mit den Beinen bilden. Die Übung besteht darin, die Beine abwechselnd anzuziehen und zu strecken und gleichzeitig deinen Oberkörper zu bewegen. Deinen Oberkörper bewegst du zu deinem angewinkelten Bein hin, sodass zum Beispiel der rechte Ellenbogen fast dein linkes Knie berührt oder eben andersherum. Du wechselst dabei fließend die Beine, ohne abzusetzen oder zu halten. Dein Körper ist in ständiger Bewegung. Der Fokus liegt hierbei auf dem Rumpf, vor allem auf der seitlichen Bauchmuskulatur.

Achte darauf, dass dein unterer Rücken gut auf der Matte aufliegt und du Stabilität hast. Diese Übung solltest du 30 Sekunden durchhalten und kannst sie natürlich beliebig oft wiederholen.

30 SEKUNDEN

30 SEKUNDEN

LEG LIFT

Du legst dich auf die Matte, ohne Hohlkreuz. Deine Arme liegen neben deinem Körper, und zwar ein Stück von deinem Körper entfernt: Das gibt dir später Stabilität. Dein Kopf liegt ebenfalls auf der Matte. Hebe deine Beine an, bis sie und dein Körper einen 90°-Winkel bilden. Dann lässt du deine Beine langsam absinken. Senke deine Beine so weit ab, wie du es schaffst, ohne dabei ein Hohlkreuz zu machen. Idealerweise sind deine Beine dann gerade und fast parallel zum Boden. Anschließend führst du deine Beine wieder nach oben in den 90°-Winkel! Achte wirklich während der ganzen Übung darauf, dass dein Rücken auf der Matte liegen bleibt. Versuche, deine Beine aus dem Bauch hochzudrücken und nicht aus deinen Armen heraus. Bitte nicht mit den Beinen Schwung holen. Du wirst deine Bauchmuskeln dabei sehr schnell spüren.

BUTT LIFT

Du möchtest diese Übung variieren? Dann solltest du die Reverse Crunches mit Butt Lift versuchen.

Dafür gehst du wieder in die Crunch-Ausgangsposition und ziehst deine Beine hoch in den 90°-Winkel. Jetzt kommt die Schwierigkeit bei dieser Übung: Hebe gleichzeitig deinen Po an! Das Ganze ist dann wie ein Kick in die Höhe. Nach diesem Kick lässt du deine Beine absinken und winkelst sie leicht an.

Auch hier gilt wieder: Je mehr du deine Beine absenkst, desto anstrengender wird es. Bei dieser Übung ist außerdem wichtig, dass du deinen Po nicht fallen lässt, sondern dass du ihn wie deine Beine langsam wieder aufsetzt.

Wenn du die Übung etwas vereinfachen möchtest, kannst du deine Beine auch leicht anwinkeln.

30 SEKUNDEN

30 SEKUNDEN

FLUTTER KICKS

Auch für die nächsten 2 Übungen bleiben wir noch auf der Matte. Deine Arme legst du neben deinen Körper und die Handflächen auf die Matte. Ich hebe bei dieser Übung meinen Kopf immer leicht an, du kannst ihn aber auch auf der Matte liegen lassen. Achte darauf, kein Hohlkreuz zu machen. Du hältst deine Beine nebeneinander etwas über dem Boden gestreckt in der Luft. Dann ziehst du immer abwechselnd ein Bein hoch, das andere bleibt in der Schwebeposition. Die Knie kannst du ganz leicht einknicken. Das soll gelenkschonender sein und ist sicherlich ein wenig angenehmer zu halten. Deine gestreckten Füße sollten mit den Beinen eine Linie bilden. Deine Beine bewegen sich schnell: Du ziehst das eine Bein hoch, während du das andere wieder absenkst und in die Schwebeposition bringst. Konzentriere dich während der ganzen Übung auf deine Bauchspannung. Diese Übung wird deine unteren und oberen Bauchmuskeln ordentlich fordern.

SCISSOR KICKS

Die Scissor Kicks funktionieren ähnlich wie die Flutter Kicks. Auf Deutsch nennt man die Scissor Kicks Scherenkicks: Das beschreibt die Übung sehr gut. Du liegst wie bei den Flutter Kicks auf dem Rücken und legst deine Arme auf die Matte. Hebe deine Beine in die Luft und halte sie weitgehend gestreckt. In dieser Position machst du mit deinen Beinen eine Scherenbewegung. Der Clou bei dieser Übung ist, die Beine zu überkreuzen. Dafür bewegst du das eine Bein nach oben, während du das andere nach unten führst. Du hältst also abwechselnd ein Bein über das andere. Versuche, dabei die Position zu halten, ohne die Beine anzuziehen.

30 SEKUNDEN

30 SEKUNDEN

PLANK

Für die nächsten Übungen wechseln wir die Position und trainieren nicht nur den Bauch, sondern auch die Arme, den Rücken, die Schultern, den Po und die Beine. Für die Plank legst du aus der Bauchlage die Unterarme schulterbreit auf die Matte, nimmst für die Stabilität deine Hände zusammen und stützt dich auf deine Unterarme und Hände. Dann stellst du deine Füße nah aneinander auf die Matte.

Die richtige Position zu finden ist am Anfang nicht so leicht. Du solltest mit der Hüfte so tief bleiben wie möglich, aber nicht zu tief, also nicht durchhängen.

Wichtig: Du solltest aber auch nicht zu hoch mit dem Po kommen, das erleichtert die Plank zwar, mindert aber die Effizienz. Halte deinen Rücken und Halswirbel möglichst gerade und spanne die Rumpfmuskulatur und den Po an.

Nachdem du die Plank 30 Sekunden gehalten hast, wechselst du auf die Seite zur Side Plank.

SIDE PLANK

Diese Übung ist perfekt für die seitliche Bauchmuskulatur. In der Seitenlage legst du deine Füße aufeinander oder knapp hintereinander, stützt dich auf deinen unteren Unterarm und drückst deine Hüfte hoch, sodass Rumpf und Beine eine Linie bilden. Dein Nacken sollte auch hierbei wieder gerade gehalten werden.

Nun heißt es: Halten! Nach 30 Sekunden wechselst du auf die andere Seite.

Eine besondere Schwierigkeit: Versuche mal, die Hüfte bei der Side Plank auf und ab zu bewegen!

30 SEKUNDEN

30 SEKUNDEN

SPIDER PLANK

Für die Spider Plank startest du in der Liegestützposition. Im Gegensatz zur normalen Plank stützt du dich nicht auf deinen Unterarmen, sondern auf deinen Handflächen ab. Deine Zehen setzt du wieder auf. Hierbei ist es wieder enorm wichtig, auf deinen Rücken und Nacken zu achten und den Po nicht zu hoch zu heben. Für die Spider Plank ziehst du abwechselnd ein Knie seitlich bis zu deiner Hüfte. Je weiter du dein Knie seitlich nach vorn ziehst, desto mehr wirst du deine seitlichen Bauchmuskeln spüren. Dann wieder absetzen und das andere Knie seitlich nach vorn ziehen. Bei der Übung gehst du ein wenig mit deinem ganzen Rumpf mit, also nicht erstarren. Dein Körper sollte jedoch eine gerade Linie bilden.

MOUNTAIN CLIMBERS

Die Mountain Climbers sind eine meiner Lieblingsübungen! Du begibst dich wieder in die Position der Spider Plank und setzt deine Handflächen und Zehenspitzen auf. Achte darauf, dass deine Arme nicht zu weit auseinander sind. Anders als bei der Spider Plank ziehst du deine Knie nicht seitlich nach vorn, sondern gerade unter deinem Körper durch Richtung Brustkorb. Deshalb den Po etwas höher halten als bei der Spider Plank. Aber nicht zu hoch. Dein Rücken sollte im rechten Winkel zu deinen Armen sein. Das andere Bein bleibt gestreckt. In schnellen Bewegungen wechselst du die Beine. Du kannst dir vorstellen, du würdest schnell einen steilen Berg hochklettern. Der Name ist also Programm!

30 SEKUNDEN

BOUNCING LUNGES

Jetzt wollen wir unserem Bauch eine Pause gönnen und uns auf unseren Po konzentrieren. Deinen Po kannst du ebenfalls super ohne Equipment trainieren. Wir beginnen mit einer Basic-Übung, die du wirklich immer und überall machen kannst. Vielleicht hast du schon einmal von Ausfallschritten gehört: Diese bilden die Grundlage für meine Übung, die vor allem den großen Gesäßmuskel beansprucht, aber auch den Oberschenkel. Die Ausgangsposition ist dieses Mal der Stand. Deine Füße stehen hüftbreit auseinander. Bei dieser Übung ist ein leichtes Hohlkreuz ausnahmsweise erlaubt. Nun machst du mit einem Bein einen Schritt nach vorn. Dabei sollte dein Knie nicht über deine Fußspitze hinausragen. Gehe jetzt mit dem Po und dem hinteren Bein möglichst weit runter. Die richtige Ausführung ist hierbei sehr wichtig, sonst belastest du dein Knie übermäßig stark. Achte darauf, dass dein Knie nicht einknickt, sondern genauso gerade wie dein Fuß steht. Dieser Schritt ist die Basis-Übung. Wenn du damit erst einmal anfangen möchtest, drückst du dich aus der vorderen Ferse in die Ausgangsposition und wechselst das Bein. Ich füge dieser Übung gern noch einen kleinen Clou hinzu. Für noch mehr Muskelkater wippst du in der Position mit deinem Oberkörper auf und ab. Du wirst merken, dass es nicht so leicht ist, das Gleichgewicht zu halten, aber du wirst auch das Brennen in deinen Muskeln spüren! Pro Bein wippe ich ca. 20 Sekunden lang.

30 SEKUNDEN

SQUATS

Die nächste Übung ist ein absoluter Klassiker für einen schönen Po! Sie stärkt aber auch deine Oberschenkel, deinen unteren Rücken und sogar deinen Bauch. Für die Squats ist ein fester Stand sehr wichtig. Deine Füße sollten etwa schulterbreit auseinander stehen. Dein Körper ist gerade und dein unterer Rücken leicht im Hohlkreuz. Los geht's! Während du in die Hocke gehst, beugst du deine Beine, schiebst deinen Po nach hinten und deinen Oberkörper nach vorn. Deine Arme führst du im Hinuntergehen nach vorn. Sie sind entweder ausgestreckt oder bilden vorn ein nach unten offenes Dreieck, berühren dabei den Oberkörper nicht. Achte wieder darauf, dass deine Knie maximal über deinen Fußspitzen stehen, nicht darüber hinaus! Deine Knie zeigen wieder geradeaus wie deine Füße. Die optimale Position hast du erreicht, wenn deine Oberschenkel horizontal gerade sind. Diese Position kannst du einen Moment halten oder direkt wieder in die Anfangsposition zurückkehren. Drücke dich aus deinen Fersen hoch und komme zurück in den geraden Stand.

Variationen: Wenn du magst, kannst du auch bei dieser Übung mit deinem Po wippen. Das erfordert aber ein wenig Übung. Eine andere beliebte Möglichkeit ist, die Position zu halten und währenddessen kleine Schritte nach links oder rechts zu machen. Die Squats eignen sich auch sehr gut, um Gewichte in das Training zu integrieren. Frage am besten einen Trainer nach einem passenden Gewicht für dich.

30 SEKUNDEN

V-PASS

Für mich gibt es kaum ein besseres Homeworkout als mit einem Yogaball. Du kennst diese Gymnastikbälle bisher vielleicht nur als Bürostuhlersatz, aber glaube mir, sie können noch viel mehr. Die Bälle gibt es in verschiedenen Größen: Achte einfach darauf, dass der Ball für deine Körpergröße passend ist. Kaufe dir einen Yogaball in deiner Lieblingsfarbe: Das motiviert dich noch mehr, ihn zu benutzen. Für die Übungen mit dem Ball benötigst du ein wenig Platz und eine Matte. Alle zerbrechlichen Gegenstände solltest du aus deinem Trainingsumfeld entfernen. Wir beginnen mit der ersten Übung auf dem Rücken liegend. Nimm deinen Ball zur Hand und lege ihn über deinem Kopf auf den Boden. Deinen Körper streckst du von den Fingern bis zu den Zehen und nimmst den Ball in die Hände. Nun hebst du deine Füße vom Boden und auch den Ball vom Boden in die Höhe. Deine Arme und Beine streckst du nach oben und wirfst den Ball über deinen Kopf in Richtung Beine. Mit deinen v-förmigen Beinen fängst du den Ball. Arme und Beine bewegen sich in Richtung Matte, ohne diese zu berühren. Nun hebst du deine Arme und Beine erneut und versuchst, den Ball mit den Händen zu fangen. Für den Anfang benötigt das ein wenig Übung: Du kannst zunächst auch versuchen, den Ball nicht zu werfen, sondern weiterzugeben. Bei der Übung auf Atmung und eine gestreckte Haltung achten. Deine Bauchmuskeln schön anspannen und das Ganze 30 Sekunden ausführen.

30 SEKUNDEN

HAMSTRING PRESS

Die nächste Übung sieht auf den ersten Blick gewöhnungsbedürftig aus. Du legst dich nicht mit dem Rücken, sondern mit dem Bauch auf die Matte. Den Ball hast du zwischen deinen Füßen, sodass du ihn gleich bequem aufnehmen kannst. Deine Arme nimmst du unter deinen Kopf. Nun winkelst du deine Beine an und hebst die Knie an. Den Ball hältst du dabei mit deinen Füßen fest: wirklich eher mit deinen Füßen als mit deinen Unterschenkeln. Versuche dabei, deinen Po anzuspannen und deine Beine aus deinem Po hochzudrücken. Drücke deine Knie so hoch, wie du kannst. Du wirst es deutlich im Po spüren. Deinen Kopf und deine Schultern kannst du bei der Übung ein wenig anheben oder ablegen. Dann wieder mit deinen Knien zur Matte zurückkommen und erneut hochdrücken.

Diese Übung solltest du mindestens 30 Sekunden durchziehen.

VARIATION:

Ich führe danach immer noch eine modifizierte Übung aus, die Hamstring Press mit Straight Legs. Diese Übung spürst du noch einmal besonders im Po und auch in den hinteren Oberschenkeln. Ich strecke die Beine nicht ganz durch, sondern lasse die Knie ein wenig eingeknickt. Versuche, die Beine so weit zu strecken, dass du dennoch gute Kontrolle über den Ball hast. Achte darauf, weder die Beine noch den Ball auf der Matte aufzusetzen. Jetzt heißt es auch hier, 30 Sekunden durchzuhalten. Es ist ein wenig schwieriger, die Beine auszustrecken, daher empfehle ich dir, für den Anfang die erste Variante zu üben.

Regeneration

ERHOLUNG

> **IF YOU GET TIRED LEARN TO REST NOT TO QUIT.**
> *(Banksy)*

Viele Leute denken ja, dass ich jeden Tag in der Woche – und das am besten 2-mal – trainiere, aber das ist zum Glück nicht der Fall. Das würde ich auch gar nicht schaffen. Ich arbeite zwar hart dafür, fit zu bleiben und Muskelmasse aufzubauen, aber genauso wichtig sind mir die Erholungsphasen zwischen den Trainingstagen. Mit Erholung ist nicht nur Schlaf gemeint, sondern auch ruhige Aktivitäten, die dazu dienen, den Körper ein wenig zu entlasten. Denn nur wer die Balance zwischen Training und Erholung meistert, wird auf lange Sicht fit bleiben.

AUSZEIT FÜR DIE MUSKELN

Wir können unseren Körper nicht austricksen. Auch wenn du es schaffst, 7 Tage die Woche hart zu trainieren, und dich anfangs super fühlst – irgendwann bekommst du die Rechnung dafür. Wenn du keine Ruhephasen einplanst, werden deine Muskeln überbeansprucht und leisten langfristig nicht mehr das, was sie sollen. Ausruhen ist wichtig! Vor allem, wenn man sich gerade ein neues Ziel gesetzt hat und dafür arbeitet, dies zu erreichen, vergisst man das leider häufig. Wenn du dir keine Auszeit nimmst, riskierst du außerdem Verletzungen, die sich sehr leicht hätten vermeiden lassen. Du hattest bestimmt schon einmal Muskelkater, oder? Viele Menschen sehen Muskelkater als positiven Beweis dafür, dass sie den inneren Schweinehund besiegt und etwas für sich getan haben. Je fitter du wirst, desto seltener verspürst du Muskelkater. Das heißt aber nicht, dass du weniger geleistet hast: Vielmehr zeigt es, dass deine Muskeln mit einer hohen Belastung besser klarkommen als früher.

Aber was ist Muskelkater genau? Er entsteht durch kleine Verletzungen der Muskelfasern und ist durchaus normal, vor allem, wenn man neue Muskelpartien trainiert oder lange keinen Sport getrieben hat. Allerdings kann Muskelkater verschiedene Grade haben und äußerst schmerzhaft sein. Im schlimmsten Fall kann eine Überbelastung beim Sport nicht nur zu Muskelkater, sondern auch zu Faserrissen oder Muskelzerrungen führen. Taste dich deshalb lieber langsam an deine Grenzen heran, denn sonst hast du schnell keinen Spaß mehr am Training.
Wichtig ist vor allem, dass du deinen Muskeln die nötige Zeit zum Regenerieren gibst. Achte dabei aber unbedingt darauf, dass du deinen Körper und besonders die angestrengten Partien gut bewegst, denn wenn du nur sitzt oder liegst, wirst du wahrscheinlich beim Aufstehen ziemlich leiden. Am besten

◆ 109 ◆

sind Spaziergänge, entspanntes Fahrradfahren oder eine ruhige Yogaeinheit. Nach ein paar Tagen sollte der Muskelkater langsam abschwächen.

TIME TO RELAX

Da ich in der Regel abends ins Fitnessstudio gehe, plane ich gern nach einer harten Trainingseinheit einen ruhigen, entspannten Abend ein. Zur Entlastung der Muskeln und vor allem an kälteren Tagen kann man sich auch gern ein heißes Bad einlassen. In Drogeriemärkten gibt es eine große Auswahl an Badeölen und Salzen, die nicht nur total entspannend wirken, sondern der Haut auch zusätzlich ein sehr weiches Gefühl geben. An stressigen Tagen und vor allem vor dem Schlafengehen ist Badeöl mit Lavendel wohltuend. Lavendel ist ein Naturheilmittel und wirkt krampflösend, schmerzlindernd und soll sogar gegen Muskelzerrungen helfen.

Wenn du keine Zeit oder keine Möglichkeit hast, ein heißes Bad zu nehmen, ist Stretching auch eine super Variante, um die Muskeln zu entspannen. Für eine gute Haltung – und damit sich die Muskeln nicht verkürzen – ist das außerdem sehr wichtig. Leider wird das Aufwärmen und Dehnen der Muskeln vor und nach dem Sport oft unterschätzt: Dabei ist die Leistung so viel besser, wenn man darauf achtet. Nach dem Training versuche ich, möglichst immer eine Stretching-Einheit zu machen. Dabei halte ich jede Dehnung mindestens 30 Sekunden lang. Auch wenn es schmerzhaft sein kann, denn ich bin nicht wirklich gelenkig, tut es nach ein paar Minuten einfach richtig gut. Die Muskeln entspannen sich nach und nach und das Beste ist, dass man durch das Dehnen einen heftigen Muskelkater vermeiden kann.

Vor dem Schlafengehen sind Dehnübungen übrigens auch super, denn du nimmst dir bewusst ein paar Minuten nur für dich und achtest darauf, was sich eventuell angespannt fühlt, und kannst gezielt darauf eingehen. Ein paar leichte Dehnübungen kannst du auch auf deinem Bett machen, so kannst du danach direkt unter die Decke schlüpfen und die Augen zumachen.

I LOVE SLEEPING

Schlafen ist ein ganz wichtiger Aspekt meines Lebens – ist es das für jemanden denn nicht? Aber ich schlafe wirklich gern und überall. Leider schaffe ich es meistens nicht, nachts 8 Stunden zu schlafen, denn ich arbeite oft lange und habe morgens oft direkt Termine. Aber zum Glück habe ich keinerlei Probleme, den Schlaf bei jeder Gelegenheit nachzuholen. Das ist bei meinem etwas chaotischen Berufsalltag ganz schön vorteilhaft! Lange Bahnfahrten oder Flüge sind dafür super.

SO KANNST DU DEINEN SCHÖNHEITSSCHLAF GENIESSEN

Natürlich ist es aber am besten, wenn du es schaffst, einen geregelten Schlafrhythmus zu haben. Versuche deshalb, immer zur gleichen Uhrzeit ins Bett zu gehen und mindestens 8 Stunden zu schlafen. Wenn dein Handy, Rechner, Tablet oder Fernseher dich vom Einschlafen abhält, verbann sie am besten aus deinem Schlafzimmer. Das grelle Licht des Handys und Laptops macht außerdem eher wach als müde und das ist ja ziemlich kontraproduktiv – dein Schlafzimmer soll ja ein Ort der Entspannung sein.

Wenn du eine gesunde Schlafroutine in dein Leben integrieren möchtest, müssen sich dein Körper und dein Gehirn, wie bei allem, erst einmal daran gewöhnen. Jede Zelle deines Körpers braucht die Erholung über mehrere Stunden, um sich zu regenerieren, und das schafft nur der gute, tiefe Schlaf. Hast du schon mal bemerkt, dass du

TIPPBOX FÜR BESSEREN SCHLAF

- Gehe rechtzeitig ins Bett – du solltest jede Nacht 8 Stunden schlafen.

- Entwickle dein eigenes Ritual vor dem Schlafengehen und komme zur Ruhe.

- Kein Smartphone, Laptop oder Fernseher im Schlafzimmer!

- Lies mindestens 5 Seiten in einem Buch.

- Nimm deine letzte Mahlzeit spätestens 2 Stunden vor dem Schlafengehen zu dir.

- Trink einen Kräutertee – Baldrian hat eine beruhigende Wirkung.

- Dehne die Muskeln, die sich angespannt anfühlen.

dich schlechter konzentrieren kannst, wenn du wenig schläfst? Wenn der Schlafmangel eine einmalige Sache ist, kann es sein, dass du davon nicht viel merkst. Aber beobachte, wie dein Körper reagiert, wenn du ihm öfter die heiligen Schlafstunden nimmst. Jedenfalls ist das keine gute Idee: Jeder braucht die Nachtstunden zum Abschalten.

Versuche als Erstes, eine feste Schlafenszeit festzulegen. Wenn du beispielsweise jeden Tag um 7 Uhr morgens aufstehen musst, solltest du dich um 22 Uhr schon langsam auf das Schlafengehen vorbereiten. Schalte alle elektronischen Geräte aus: Du hast sicherlich schon den ganzen Tag über oft genug auf den Bildschirm geguckt :) Im Badezimmer hast du jetzt Zeit, dich in Ruhe abzuschminken, Haare zu bürsten und Zähne zu putzen. Meistens empfinden wir das als lästig und wollen die ganze Prozedur ganz schnell hinter uns bringen, weil wir eh zu spät dran sind. Versuche aber, diese Steps als ein entspannendes Ritual zu sehen. So tust du deinem Körper etwas Gutes und am nächsten Morgen siehst du viel frischer aus. Wenn du dann ins Bett gehst und noch nicht wirklich müde bist, kannst du zu einem Buch greifen. Ich finde, beim Lesen taucht man so einfach in eine andere Welt ein, lässt seine Fantasie spielen und vergisst für einen Moment alles, was am nächsten Tag ansteht – probier's doch mal! Lies ein paar Seiten, entspann, wenn nötig, noch ein wenig deine Muskeln und mach schließlich für den wohlverdienten Schönheitsschlaf das Licht aus. Schließlich macht Schlaf schön. Im Schlaf wird nämlich ein Hormon ausgeschüttet, das für die Regeneration der Haut enorm wichtig ist. Natürlich kann Make-up bei Schlafmangel oft Wunder wirken, aber es ist besser, durch genug Schlaf eine wesentliche Voraussetzung für einen gesunden, frischen Teint zu schaffen.

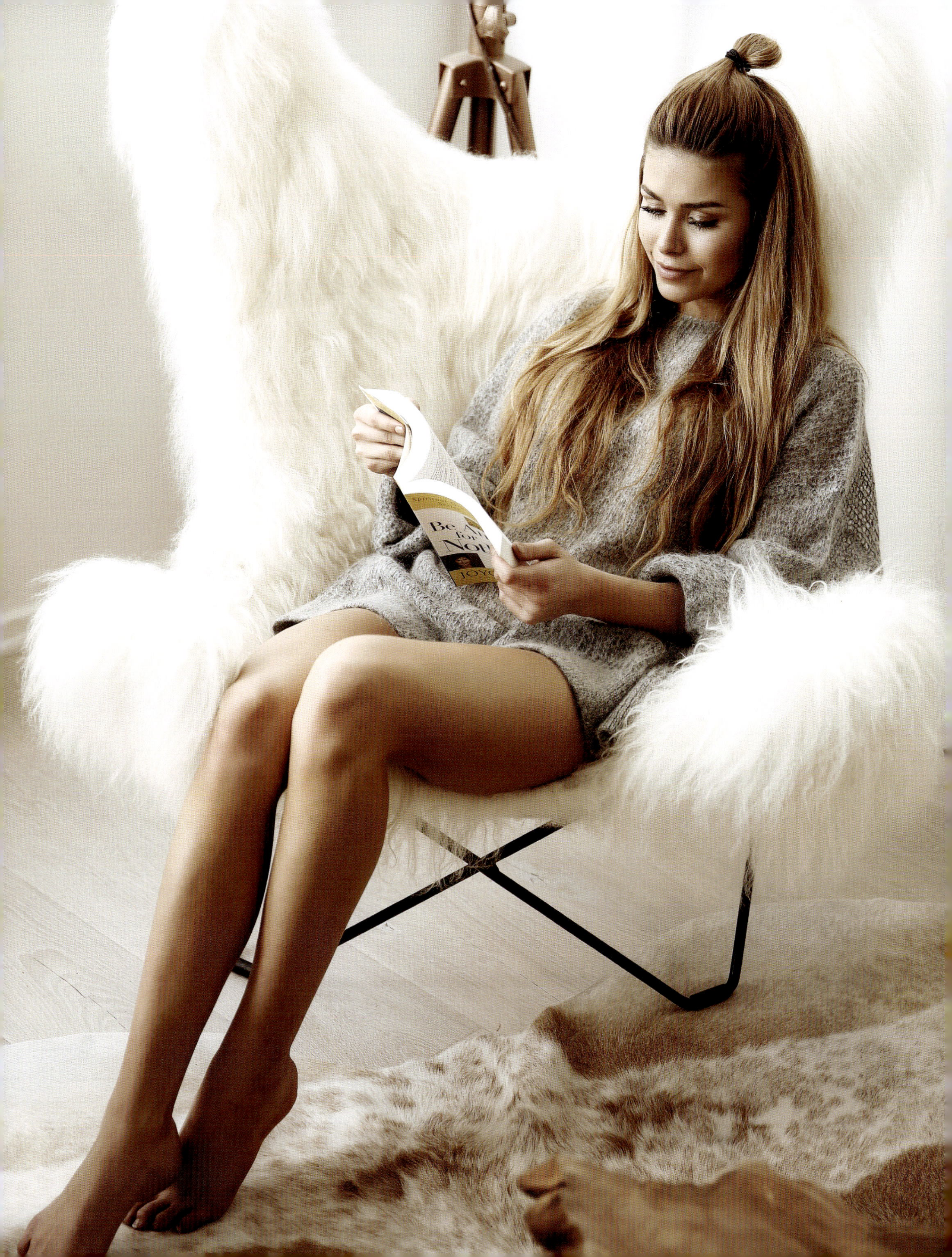

Travel

GESUND UND FIT AUF REISEN

Gibt es etwas Besseres, als zu reisen? Ich liebe das Reisen, auch wenn es bei mir nicht immer Urlaub ist, sondern auch viele Events beinhaltet und oft sehr stressig ist. Urlaub – das heißt für mich: zu entspannen, etwas Neues zu entdecken, vom Alltagsstress abzuschalten und die Sorgen hinter sich zu lassen. Jeder möchte sich mit dem Urlaub etwas Gutes tun und sich mal etwas gönnen. Den Urlaub zu genießen und gutes Essen gehören für mich einfach zusammen. Im Urlaub darf auch mal nicht so auf die Kalorien geachtet werden. Dennoch ist mir auch wichtig, im Urlaub und generell auf Reisen nicht komplett aus meinem gewohnten Rhythmus zu geraten.

Im Vorfeld von kurzen Reisen informiere ich mich, ob ich mir Lunchboxen mitnehmen kann. Natürlich ist es schwierig, dafür vorzukochen, aber mein gewohntes Mittagessen habe ich vor allem im Flugzeug immer gern dabei. Auf Städtereisen oder Geschäftsreisen kaufe ich mir gern in den örtlichen Supermärkten Snacks ein. Gerade an stressigen Tagen greift man sonst doch gern mal zur Schokolade oder zu Fast Food.

Auf Reisen darfst du auch auf keinen Fall vergessen, immer genug zu trinken bei dir zu haben. Gerade in heißen Gegenden benötigt der Körper viel Wasser. Es passiert sonst sehr schnell, dass du dich schlapp fühlst. Je mehr du schwitzt, desto mehr musst du trinken. Durch das Schwitzen kann man sogar mehrere Liter Wasser verlieren.

KEIN URLAUB OHNE SPORT

Auch wenn dies erst einmal superstrebermäßig klingt: Ich mache auch im Urlaub ein wenig Workout. Ich hätte das früher auch nie gedacht, aber dadurch dass ich den Sport so sehr gewohnt bin und er zu meinem Alltag gehört, brauche ich ihn auch im Urlaub. Es geht hierbei vielmehr um meine Gewohnheit und mein Wohlbefinden – und nicht um die Angst, im Urlaub Muskelmasse zu verlieren. Ein konstantes Training einzuhalten ist mir sehr wichtig. Viele meiner Übungen kann ich ganz einfach im Hotelzimmer machen. Normalerweise komme ich dann auch gut ohne Matte aus, auch wenn es dann mal etwas unbequemer ist. Eine Matte wäre auf Flugreisen auch zu umständlich, aber Fitnessbänder kannst du zum Beispiel gut mitnehmen. Für mich kommt Joggen nicht infrage, da ich kein Cardio mache. Aber vielleicht gefällt es dir? Es gibt bestimmt tolle Laufstrecken in so gut wie jedem Urlaubsort. Stell dir zum Beispiel vor, durch den Central Park in New York zu joggen. Klingt das nicht supercool und gar nicht nach langweiligem und nervigem Sport? Mit solchen Tricks kannst du dein Workout auch ganz leicht in den Urlaub integrieren. Viele Hotels bieten sogar Frühsport, Yoga oder eine Fitnessstudio-Nutzung an. Das ist auch eine tolle Möglichkeit, Sportarten auszuprobieren. Außerdem: Du kennst von einigen Parks in Deutschland bestimmt die Sportgeräte, die man dort einfach nutzen kann. So etwas gibt es auch an vielen Stränden.

Am besten informierst du dich schon vor dem Urlaub darüber. Vielleicht kann dort jemand tolle Fitnessbilder von dir machen? Diese Erinnerungen hängst du dir später zu Hause auf. Wenn das keine Motivation ist!

About Style

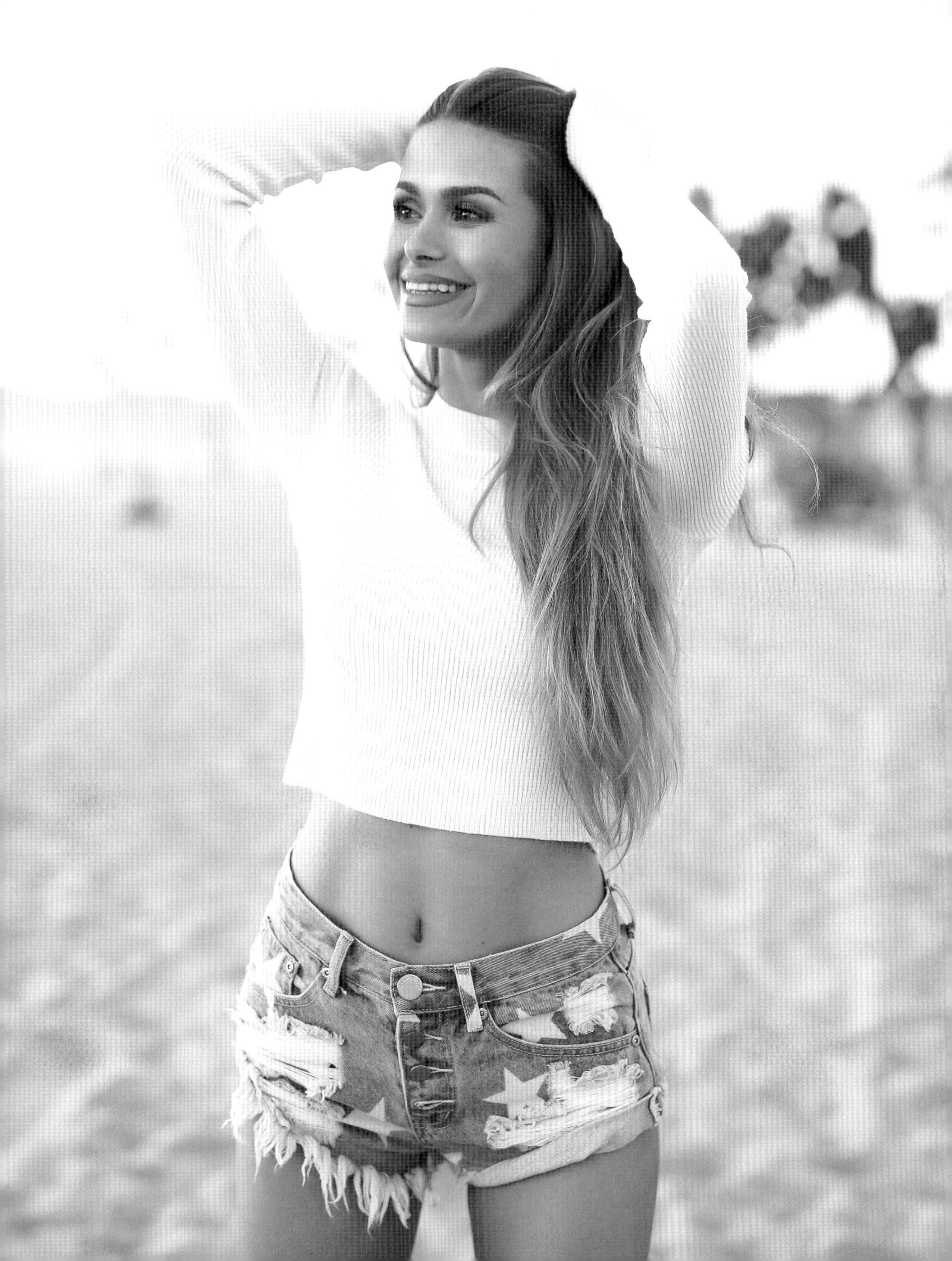

Schönheit kommt von innen

»IM EIGENEN KÖRPER WOHLFÜHLEN«

ES GIBT DOCH NICHTS UNWIDERSTEHLICHERES UND BEWUNDERNSWERTERES ALS EIN STRAHLEN VON INNEN.

Die heutige Gesellschaft ist für viele sehr oberflächlich geworden. Aber für mich kommt wahre Schönheit auch von innen. Ich glaube nicht, dass es in diesem Bereich festgelegte Normen gibt oder geben sollte, nach denen man sich richten muss oder kann. Ob jemand die idealen Proportionen hat. Ob das Gesicht genau symmetrisch ist. Oder ob die weiße Zahnreihe absolut perfekt ist. Es geht für mich vielmehr auch um das Unsichtbare – das, was von innen nach außen scheint.

Und mal ganz ehrlich: Es gibt doch nichts Unwiderstehlicheres und Bewundernswerteres als ein Strahlen von innen, oder?

ICH FINDE DAS ZIEMLICH ATTRAKTIV.

HATING YOUR BODY WILL NEVER GET YOU AS FAR AS LOVING IT WILL. ♡

SICH WOHLFÜHLEN IM EIGENEN KÖRPER

Für mich steht aber dazu nicht im Widerspruch, dass man auf sein Äußeres Wert legt. Denn durch Fitness, Fashion & Beauty das Beste aus sich zu machen – das kann zu einer großen Zufriedenheit mit sich selbst führen. Und diese Zufriedenheit kann zu einem Strahlen von innen und einem gesunden Selbstbewusstsein beitragen. Nur wenn man sich in seiner Haut wohlfühlt und wenn man mit sich zufrieden ist, strahlt man das auch aus.

Einige fühlen sich nur wohl in ihrem Körper, wenn sie gesund und fit sind, während andere mit sich selbst zufrieden sind, ohne fit zu sein. Wichtig ist für mich die Tatsache, dass man sich wohlfühlt und mit seinem Körper zufrieden ist.

WARUM ABER AUCH DIE OPTIK ZÄHLT

Was man aber nicht vergessen darf, wenn man über Schönheit von innen spricht: Vor allem für den ersten Eindruck spielt auch das äußere Erscheinungsbild zugegebenermaßen keine kleine Rolle. So ticken wir Menschen nun mal – wenn wir jemanden kennenlernen, scannt unser Gehirn das Gegenüber automatisch und macht sich sein Bild von ihm.

Hier ist Schubladendenken angesagt – und für den ersten Moment zählt da eben mehr die Optik als der Charakter.

MIT SICH SELBST ZUFRIEDEN – AUCH OHNE MAKE-UP

Ich selbst liebe es, mich fit zu halten, Outfits für mich zusammenzustellen und mich zu stylen. Fitness, Fashion & Beauty – that's my world. Aber mir ist es auch enorm wichtig, dass ich mich ohne Make-up wohlfühlen kann. Darum – und auch meiner Haut zuliebe – lege ich auch ab und zu gern einmal einen make-up-freien Tag ein. Das hätte ich früher nie gemacht. Heute habe ich kein Problem mehr damit, denn ich mag mich so, wie ich bin.

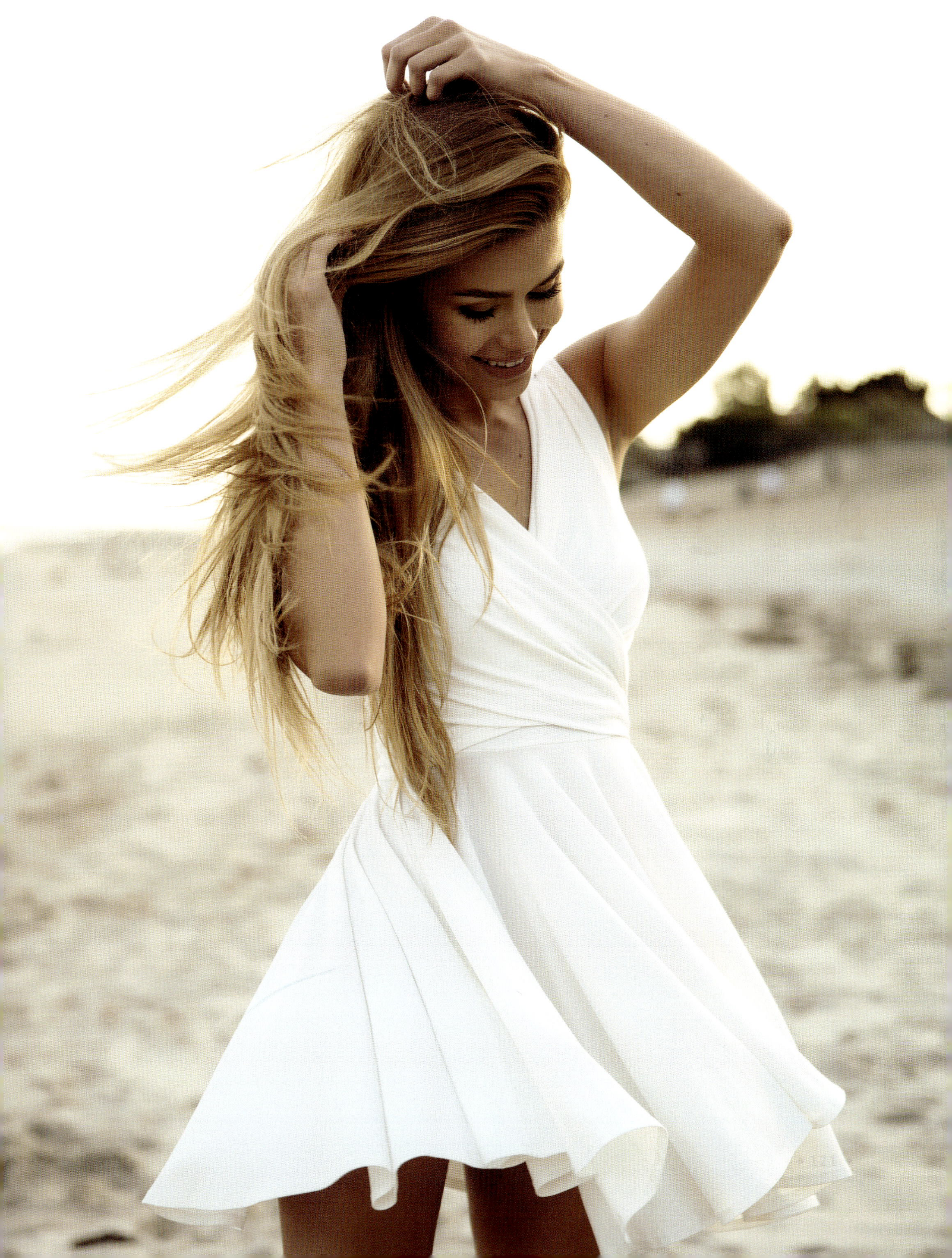

Fashion

SPORT UND FREIZEIT

> IN BETWEEN GOALS IS A THING CALLED LIFE, THAT HAS TO BE LIVED AND ENJOYED.

Meinen Stil würde ich als sportlich und elegant bezeichnen. Es kommt immer darauf an, wie und nach was ich mich gerade fühle. Und ich stehe nicht nur auf High Heels, sondern genauso auch auf Sneaker :) In Sportklamotten fühle ich mich pudelwohl. Es gibt mittlerweile so viele tolle Online-Seiten, auf denen ich Inspiration finde, wie man Leggings, Tops und Turnschuhe am besten und schönsten kombinieren kann.

DAS A UND O FÜR RICHTIG GUTE KLEIDUNG ...

… sind eine perfekte Passform und gute Qualität – egal, ob für den Alltag oder fürs Fitnessprogramm. Billige Stoffe lasse ich wirklich sehr ungern an meinen Körper. Ich weiß, dass gute Qualität auch mal ihren Preis hat. Aber das macht sich am Ende auf jeden Fall bezahlt, denn bei hochwertigen Stoffen und perfekter Verarbeitung hat man länger was von den Sachen. Außerdem finde ich, dass Klamotten in guter Qualität bequemer sind. Und das ist mir total wichtig. Sonst habe ich den Eindruck, ich müsste alles immer wieder an seine richtige Stelle ziehen – und das macht mich auf Dauer wahnsinnig.

WAS MIR BEI MEINEM TRAININGSOUTFIT WICHTIG IST

Auch bei Sportklamotten weiß ich gute Materialien zu schätzen. Dabei achte ich auf folgende Kriterien:

1. Ist der Stoff atmungsaktiv?

2. Sitzt das Kleidungsstück gut und rutscht es nicht?

3. Welch Überraschung: Ist es bequem?

Gut, ich gebe zu, es sind eigentlich 4 Punkte, auf die ich achte. Denn die Optik ist mir natürlich auch wichtig :)
Sportbekleidung wird oft aus Mikrofaserstoffen bzw. Goretex-Stoffen hergestellt sein. Sie sorgen dafür, dass die Leggings oder der Sport-BH zwar wasser- und winddicht sind, aber gleichzeitig transportieren diese Stoffe Körperfeuchtigkeit nach außen. Für viele ist es der ideale Begleiter zum Sport. Ich persönlich trage aber auch gerne Baumwollshirts. Bei Baumwolle solltest du aber 2 Punkte bedenken, vor allem wenn du viel schwitzt: Es können sich Schweißflecken bilden und der Stoff kühlt in einer Trainingspause möglicherweise aus. Für jemanden, der nicht viel schwitzt, sind auch die bequemen Baumwollshirts super für das Training geeignet!

Auf dieser Seite möchte ich dir meine absoluten Lieblingsoutfits fürs Training zeigen. Die Wahl fiel mir gar nicht so leicht, darum habe ich mich für gleich 4 Looks entschieden. Es war für mich ganz schön schwer, »nur« 4 Outfits auszuwählen, da ich Abwechslung liebe.

OUTFIT 1

Outfit Nummer 1 ist von den Farben her sehr schlicht und in einer Linie gehalten: Weiß, Hellgrau und Anthrazit. Der Lagen-Look bei den Oberteilen ist ein echter Hingucker. Das schlichte graue Sporttop betont das weiße Top, das ich darüber trage. Dieses ist mit den verspielten Bändern am Dekolleté und den Trägern ein echtes It-Piece. Ich liebe es! Die lange Leggings ist vom Bund her höher geschnitten und reicht mir bis in die Taille: Das lässt die Hüfte runder und weiblicher wirken und kaschiert auch kleine Speckröllchen am Bauch.

OUTFIT 2

Black is beautiful. Ich liebe es, mich meiner Stimmung entsprechend anzuziehen. Und manchmal mag ich es total schlicht und reduziert, eben »basic« – auch bei der Sportbekleidung. Da geht Schwarz natürlich am allerbesten und darum trage ich bei meiner edlen Variante auch von Kopf bis Fuß Schwarz. Die lange Leggings geht mir wieder bis in die Taille – ich finde, das sieht einfach am besten aus. Das Oberteil ist zwar nicht auffällig geschnitten, aber trotzdem sehr raffiniert. Denn am Dekolleté ist ein Netzeinsatz. Diese leichte Transparenz wirkt nicht nur edel, sondern auch etwas sexy. Damit das Top perfekt zur Leggings passt, hat auch diese einen Mesh-Einsatz. Unten an den Waden wird der Stoff leicht durchsichtig und die Haut schimmert bei Lichteinfall durch.

OUTFIT 3

Obwohl ich auch im Sommer gern lange Leggings trage, liebe ich weiche kurze Pants, die viel Bein zeigen: Von diesen Shorts habe ich mittlerweile wirklich eine ganze Schublade voll. Davon haben viele eine farblich abgesetzte Kante – in diesem Fall in Weiß. Dazu kombiniere ich dann passend ein Top in der gleichen Farbe. Hier ein absolutes Basic-Must-have: ein Feinrippoberteil. Manche mögen das ja gar nicht, weil es an ein Unterhemd erinnert, aber ich finde es ziemlich stylisch. Vor allem, wenn es farblich zur Shorts passt und etwas Bauch zeigt. Hier trage ich übrigens ein Top mit Ringerrücken (auch Racerback genannt): Das betont die Rückenmuskulatur optisch.

OUTFIT 4

Die meisten Sportklamotten haben mittlerweile auffällige Farben, oft sogar ein richtig knalliges Neon. Das mag ich auch sehr gerne. Es sieht so frisch aus und zaubert gleich gute Laune. Wenn ich mich für einen Look mit Farbakzenten entscheide, trage ich dazu aber meistens eine graue Leggings. Zu viel Farbe tut mir jedenfalls irgendwann in den Augen weh. Damit das Oberteil auch einen Kontrapart findet und das Outfit richtig gut aussieht, findet sich die Farbe auch meistens in den Schuhen wieder. Meine Lieblingsfarben sind dabei natürlich Rosa und Blau.

Ich kann mich wirklich nicht entscheiden, welches von diesen 4 Outfits mein absoluter Favorit ist. Hast du einen Liebling? Ton-in-Ton, Black Beauty, Pants-Look oder Farbakzent?

CHECKLISTE ACCESSOIRES

- KOPFHÖRER – die müssen bequem im Ohr sitzen und gut dämpfen!

- FITNESS-TRACKER – ganz wichtig, um zu wissen, was, wie viel, wie …

- HANDTUCH – ohne geht einfach nicht, auch anderen zuliebe!

- HAARGUMMI – beim Schwitzen können Haare ganz leicht mal nerven, von daher lieber weg damit!

- TRINKFLASCHE – ebenfalls ein Must-have: Wer Sport treibt, muss auch genügend trinken …

- INTERVALL-STOPPUHR – für ein wirklich effizientes Training!

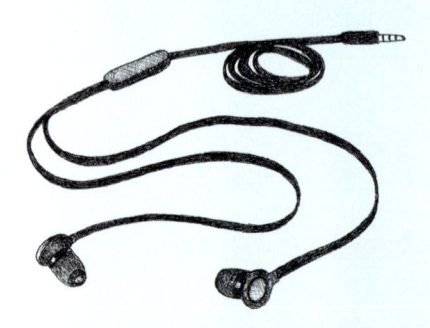

SPORTACCESSOIRES

Eigentlich versuche ich immer, so wenig wie möglich mit zum Training zu nehmen.

JE MEHR DU DABEIHAST, DESTO MEHR WIRST DU AUCH ABGELENKT.

Wenn du wirklich nur das absolut Notwendige mitnimmst, hast du am Ende garantiert ein intensiveres Workout. Probiere es doch einmal aus!
Auf 2 Sachen kann ich nicht verzichten: ein Handtuch (das ist einfach hygienischer. Ich will mich ja nicht direkt auf die Geräte setzen, auf denen schon ganz viele Leute vor mir saßen) und eine Trinkflasche.
Ich liebe meine hübsche Glasflasche – die ist nicht nur umweltfreundlich, sondern auch hygienisch und spülmaschinentauglich!

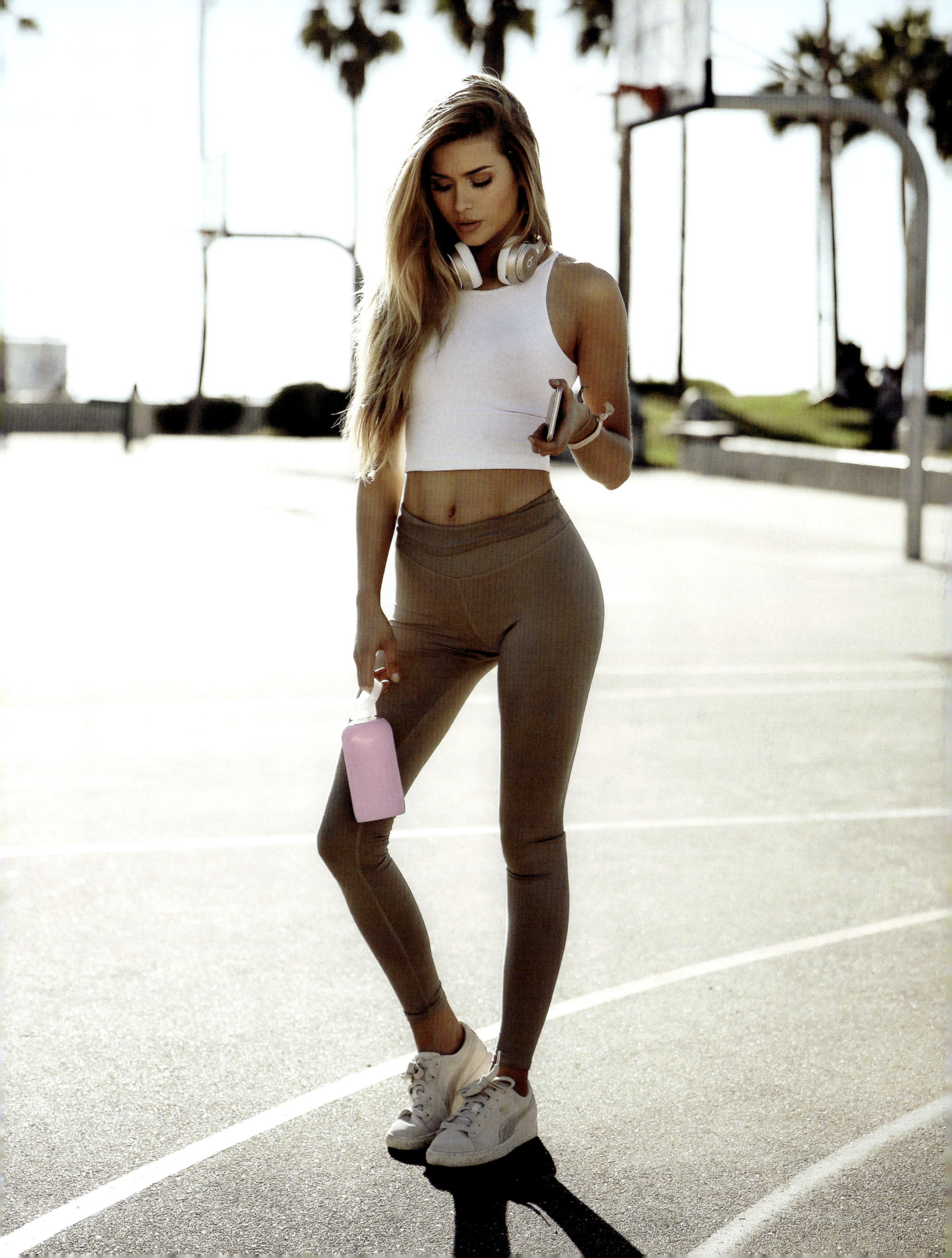

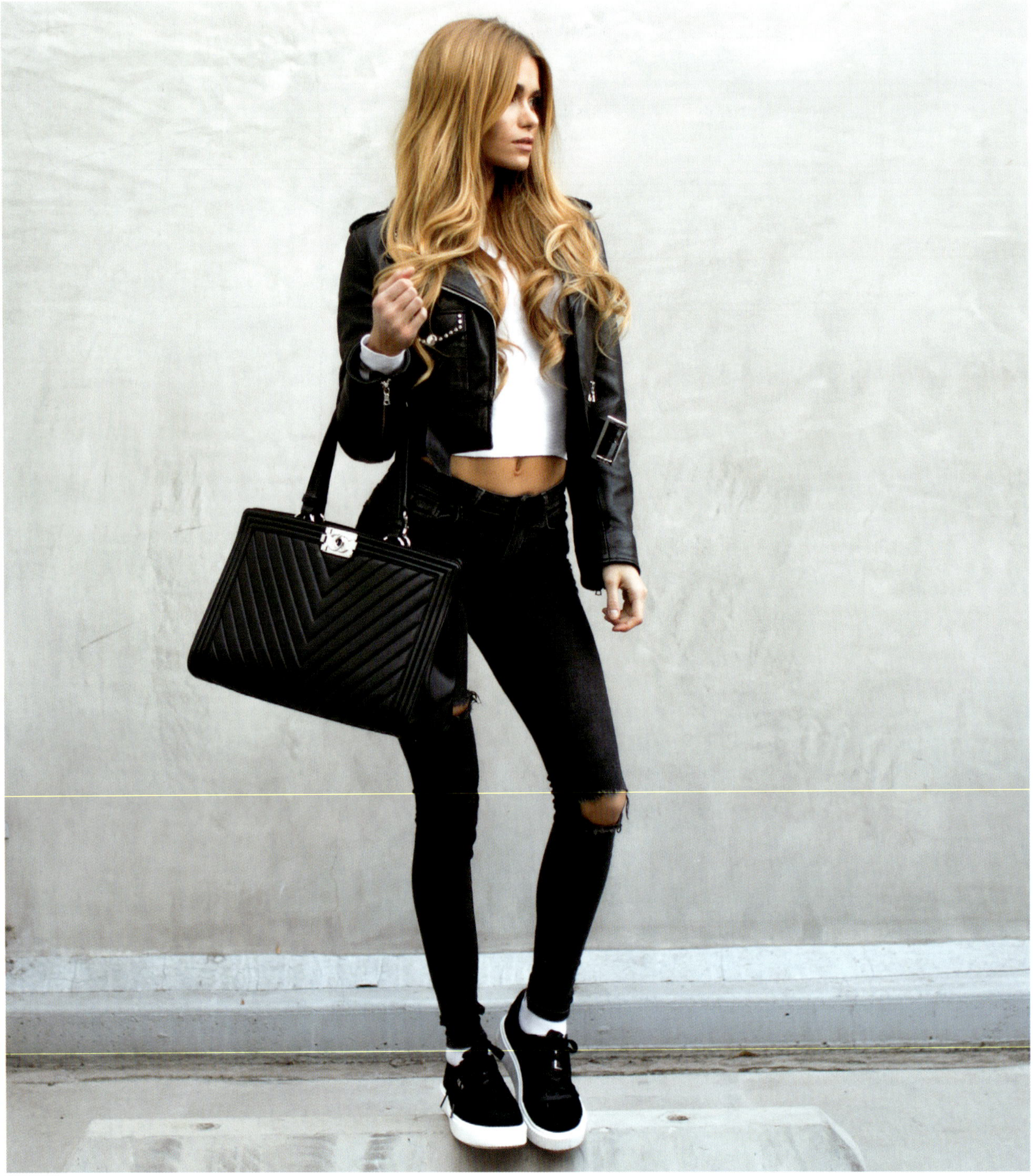

Freizeit
MEINE BASICS

Egal, zu welchem Anlass – ob im Alltag, beim Sport oder bei Events, meine Klamotten müssen bequem sein. Das ist mir unglaublich wichtig. Kleider, die zwicken oder kratzen, engen mich im wahrsten Sinne des Wortes ein. So kann ich den Tag nicht genießen und so werden auch meine Fotos garantiert nichts.

Meine Basics müssen außerdem gut miteinander kombinierbar sein. So kommen immer wieder neue Outfits zustande, ohne dass ich mir jeden Tag neue Kleidung kaufen muss.

CHECKLISTE BASICS

- **WEISSE SHIRTS** – perfekt zum frischen und cleanen Look, die gerippte Variante geht auch im Alltag und im Training.

- **SCHWARZE SHIRTS** – damit kann man sowohl coole als auch elegante und schlichte Outfits kombinieren.

- **ENGE JEANS** – dabei ist vor allem die Passform am Po ausschlaggebend!

- **JEANSJACKE** – ein echtes Kombi-Wunder!

- **COOLE LEDERJACKE** – meine Favoriten sind hier kurz geschnitten.

- **SNEAKER, SNEAKER, SNEAKER** – ich liebe sie!

- **WEISSE BLUSE** – wenn es dann doch mal ein wenig schicker sein soll.

- **GROSSER SHOPPER** – da passt wirklich alles vom Laptop bis zu Schminksachen rein.

- **RÖCKE** – ich mag den Schnitt von Skater-Röcken am liebsten.

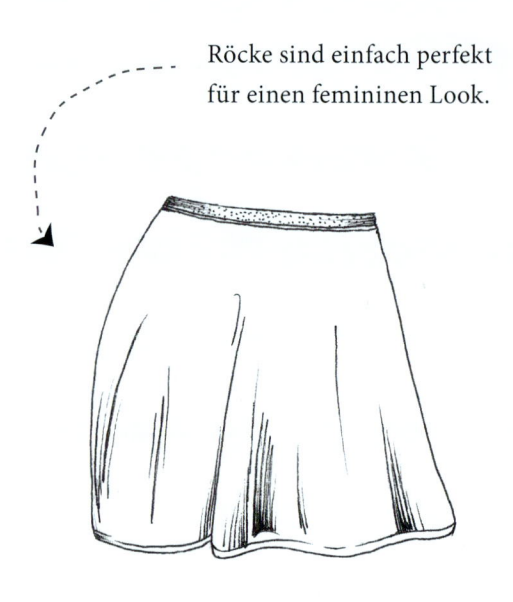

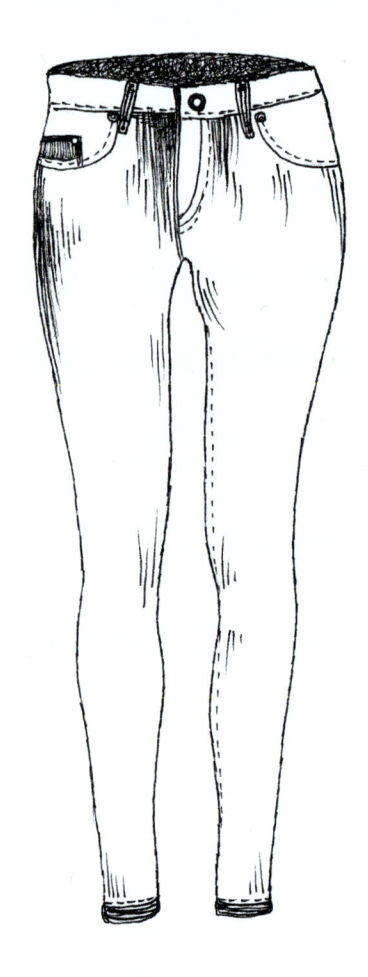

Röcke sind einfach perfekt für einen femininen Look.

Darf im Alltag nicht fehlen.

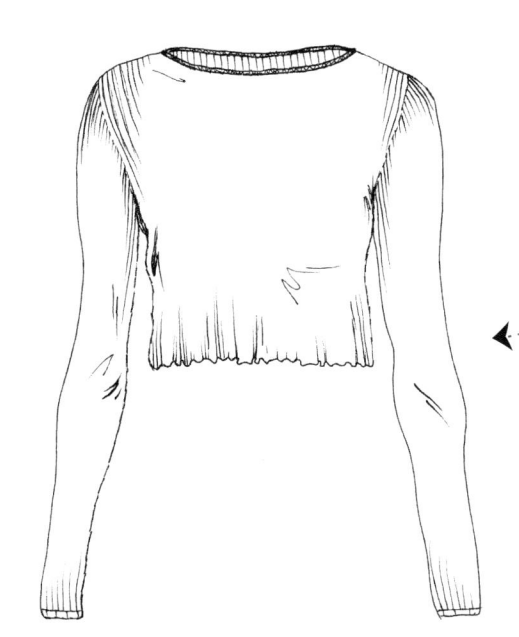

Ich mag Crop Tops in
allen Variationen und für
jeden Anlass.

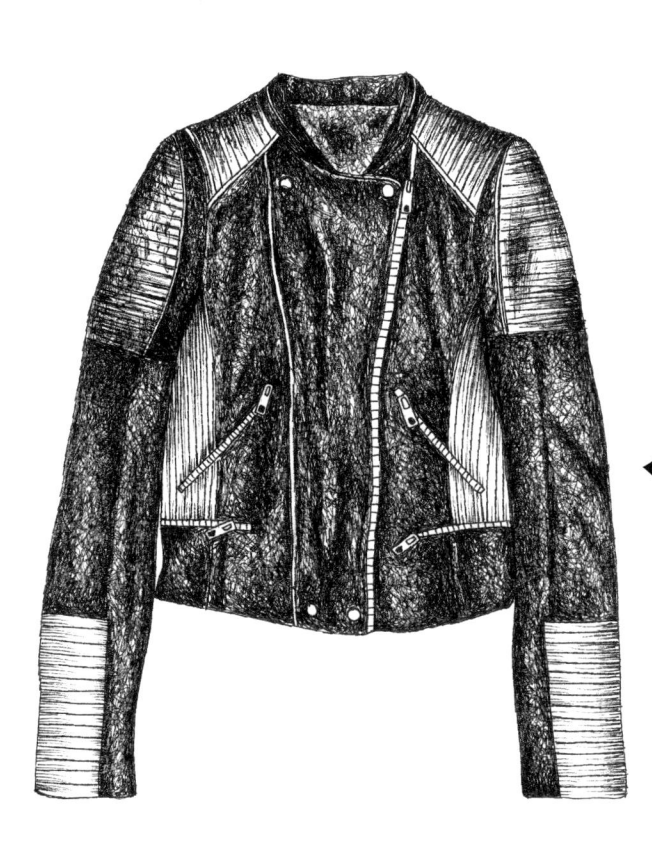

Mag ich am liebsten in
Kombination mit einer
Skinny Jeans.

DIE PERFEKTE JEANS

Die perfekte Jeans zu finden kann zu einer Riesenaktion ausarten. Einmal gefunden, wird sie jedoch zum absoluten Lieblingsteil im Kleiderschrank. Mir ist eine gute Passform am wichtigsten. Eine Jeans sollte eng geschnitten sein und vor allem am Po perfekt sitzen. Mein Geheimtipp sind Jeans mit einer integrierten Push-up-Funktion. Das bedeutet, dass die Nähte perfekt liegen, den Po stützen und optisch hervorheben. Am liebsten mag ich leicht ausgewaschene und etwas gerissene Jeans. Und bei den Farben bevorzuge ich Schwarz und Hellblau, das passt einfach zu allem.

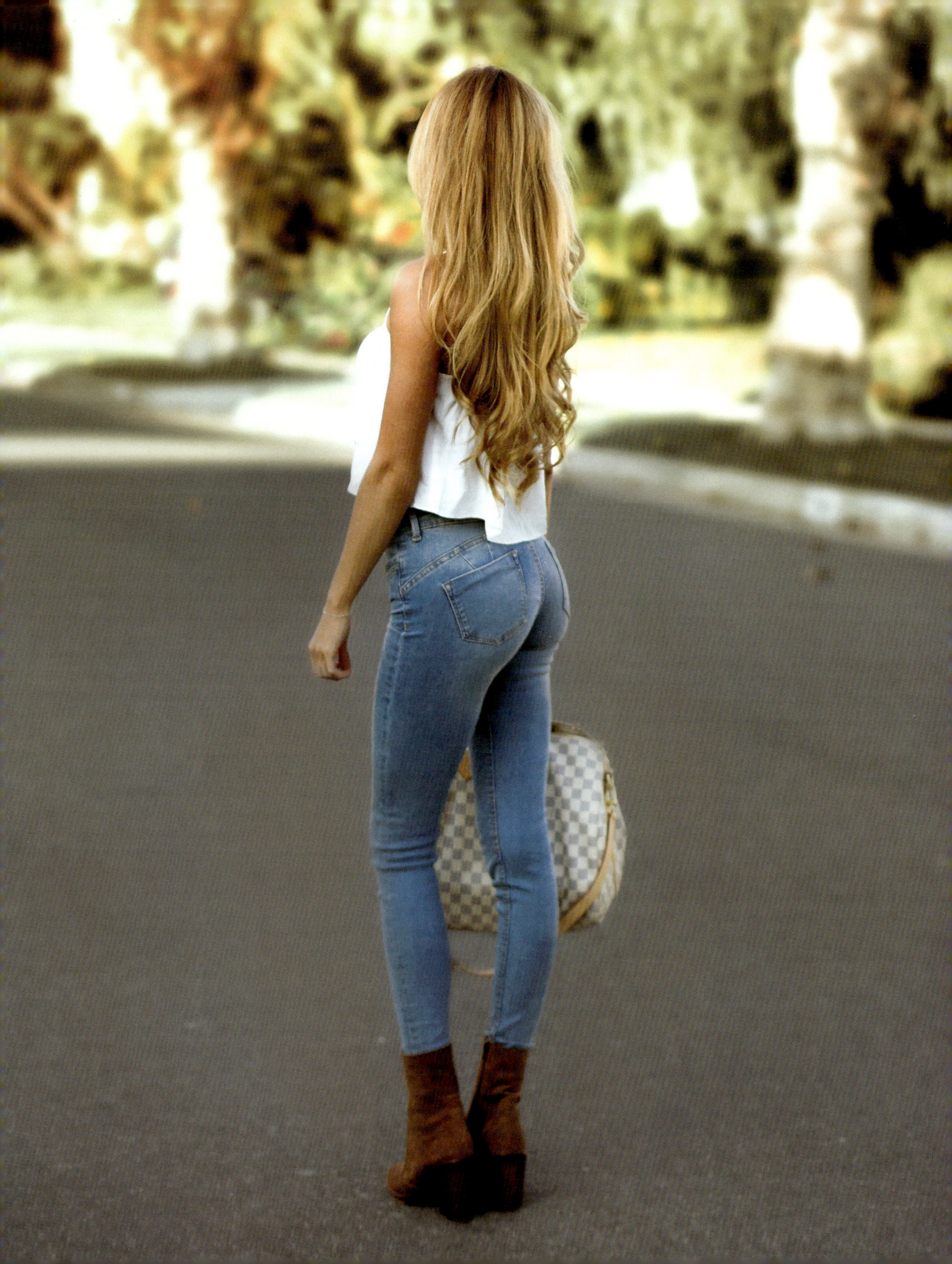

From Day ...

PERFECT DAY

Tagsüber kombiniere ich meine schwarze Röhrenjeans mit einem einfachen Shirt oder auch gern mit einem bauchfreien Top. Darüber trage ich eine klassische Jeansjacke und ein Paar coole Turnschuhe.

... to Night

NIGHTLIFE

Auch zum Weggehen passt eine schwarze Jeans perfekt. Die darf dann auch gern etwas ausgefallener sein. Dazu passt zum Beispiel ein feines Oberteil aus Spitze. Hier sind am wichtigsten: ein Paar High-Heels und eine rockige Lederjacke.

What's in my bag?

CITY EDITION

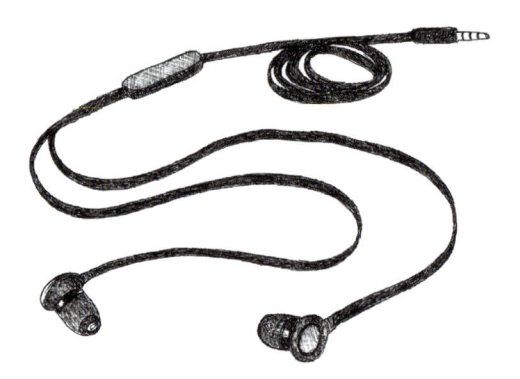

Für spontane Ideen habe ich immer ein Notizbuch dabei.

Meine Powerbank darf nicht fehlen. Ich muss mein Handy immer laden können.

• 137 •

Pflege

GESICHTSPFLEGE

BEAUTIFUL GLOWING SKIN IS EVERYTHING.

Jede Haut ist anders: Während die eine eher fettig ist und zu Pickelchen neigt, ist eine andere trocken und spannt. Eine andere wiederum ist eine Kombination von 2 Hauttypen: meist eine Kombination aus normaler und fettiger Haut oder eine Kombination aus trockener und fettiger Haut. Daher ist nicht jede Kosmetik für jeden Hauttyp geeignet. Die richtige Gesichtspflege sollte Über- bzw. Unterfunktionen ausgleichen, die Haut bei ihrer täglichen Arbeit unterstützen und ihr helfen, im Gleichgewicht zu bleiben. Doch Vorsicht: Du kannst deine Haut auch überpflegen!

AUF DIE RICHTIGE PFLEGE KOMMT ES AN

Es ist oft nicht leicht zu erkennen, welche Bedürfnisse deine Haut hat. Eine Kosmetikerin kann dir helfen, die richtige Pflege zu finden. Kosmetikstudios oder Hautärzte können durch eine Hautanalyse die Feuchtigkeit in der Haut, das Hautfett, die Elastizität oder die Faltentiefe bestimmen. Viele machen den Fehler, dass sie bei einer unreinen und fettigen Haut immer aggressivere Produkte verwenden. Diese Produkte enthalten aber meistens Alkohol, welcher die Haut austrocknet. Die Haut versucht, sich zu schützen, und produziert mehr Talg. Dadurch aber werden die Poren verstopft. So gerätst du schnell in einen Teufelskreis! Achte also bei deiner Pflege auf möglichst natürliche Inhaltsstoffe, die deine Haut nicht reizen.

GUTE ÖLE FÜR DIE HAUT

Und wusstest du, dass es Öle gibt, die gegen unreine Haut helfen? Im ersten Moment denkt man doch, dass Öl zu fettig ist, aber beispielsweise Teebaumöl und Lavendelöl sind alte bewährte Hausmittel. Aber: Nicht alle Öle eignen sich für unreine Haut. Mineralöle zum Beispiel bewahren zwar die Feuchtigkeit, lassen den Talg aber schwer abfließen. Bei trockener Haut kann dir Kokosöl helfen: Das ist supernatürlich und reichhaltig. Kokosöl ist für mich zu einem absoluten Allrounder geworden und aus meiner Pflegeroutine nicht mehr wegzudenken.

DER EINFLUSS DER ERNÄHRUNG AUF DIE HAUT

Aber nicht nur, was du auf die Haut aufträgst, sondern auch, was du zu dir nimmst, beeinflusst deine Haut. Eine gesunde und ausgewogene Ernährung ist das A und O für schöne Haut – und übrigens auch für Haare und Nägel. Walnüsse und Möhren sind beispielsweise 2 der besten Nahrungsmittel für ein gesundes Hautbild. Ich habe außerdem noch nie eine Zigarette geraucht und trinke auch keinen Alkohol – das macht sich natürlich positiv bemerkbar. Auch auf die Gefahr hin, dass du es schon sehr oft von mir gehört hast: Vergiss nicht, 3 Liter Wasser am Tag zu trinken! Dein ganzer Organismus und speziell deine Haut werden es dir danken.

MEINE MORGENROUTINE

Ich bin nicht wirklich ein Frühaufsteher, deshalb brauche ich am Morgen kaltes Wasser im Gesicht, um wach zu werden. Außerdem ist kaltes Wasser besser für die Haut, da heißes Wasser die Haut austrocknet. Ich wasche also mein Gesicht erst einmal gründlich und trage danach eine Tagescreme auf. Ganz wichtig ist mir dabei, dass sie einen guten UV-Schutz hat. So angenehm Sonne ist – ihre Strahlen beschleunigen leider die Hautalterung. Doch mit UV-Schutz bin ich dagegen gewappnet. It's gonna be my lucky day!

MEINE ABENDROUTINE

Für das abendliche Abschminken nehme ich mir besonders viel Zeit. Die Haut hat den ganzen Tag über einiges erlebt. Ich möchte sie daher etwas verwöhnen und sie auf eine erholsame und regenerative Nacht vorbereiten. Die oberste Beauty-Regel lautet: Gehe niemals – wirklich niemals – mit Make-up ins Bett! Zuerst trage ich eine sanfte Reinigungsmilch auf. Die verteile ich mit den Fingern und reibe sie in die Haut ein – das ist wie eine kleine Massage fürs Gesicht. Die Augenpartie säubere ich mit Wattepads, den Rest des Gesichts wasche ich danach direkt mit viel lauwarmem Wasser ab. Einmal in der Woche mache ich ein Peeling oder benutze meine Gesichtsbürste. Beides hilft dabei, abgestorbene Hautschuppen zu entfernen. Danach habe ich eine Haut wie ein Babypopo – herrlich! Abschließend trage ich natürlich noch meine Nachtcreme auf. Good night!

MACH DIR SELBST SCHÖNE AUGEN

Wusstest du, dass die Haut rund um die Augen 3-mal dünner ist als die restliche Gesichtshaut? Darum tauchen dort auch die ersten kleinen Fältchen auf. Du kannst also eigentlich nicht früh genug anfangen, diese Partie mit besonderer Pflege zu verwöhnen. Ich trage jeden Morgen und jeden Abend eine spezielle Augencreme auf diese sensible Stelle auf. Dabei klopfe ich die Pflege mit der Fingerkuppe der Ringfinger sanft in die Haut ein.

DER SCHÖNHEITSSCHLAF

Während der Nacht ist die Gesichtshaut keinen schädlichen Umwelteinflüssen oder aggressiven UV-Strahlen ausgesetzt und kann sich regenerieren. So wie wir uns im Schlaf erholen und runterkommen, so kann das auch unsere Haut. Sie »repariert« sich, während wir schlafen. Ich benutze tagsüber immer eine Tagescreme und nachts eine Nachtcreme, denn sie haben unterschiedliche Eigenschaften. Ein UV-Schutz in der Nacht ist zum Beispiel nicht gut für die Haut: Er nimmt ihr die Luft zum Atmen. Definitiv wichtig ist eine pflegende Unterstützung beim hauteigenen Reparaturprozess. Nicht umsonst heißt es »Schönheitsschlaf« – ich versuche, mindestens 7 Stunden zu schlafen.

DIE RICHTIGEN INHALTSSTOFFE

Ich achte besonders darauf, welche Inhaltsstoffe meine Pflegeprodukte enthalten, denn ich möchte nur Gutes an meine Haut lassen. Am Anfang ist es etwas lästig, sich jedes Mal die klein gedruckten Bestandteile auf den Verpackungen der Pflegeprodukte durchlesen zu müssen, aber man hat auch schnell raus, auf was man am besten verzichten sollte. Hilfreich ist eine App, die Auskunft gibt, ob ein Produkt hormonelle Stoffe enthält. Dafür den Barcode eines Produkts, das man prüfen möchte, scannen – oder dessen Namen eingeben. Ein rotes oder ein grünes Signal zeigt an, ob das Produkt bedenklich ist.

SCHLECHTE INHALTSSTOFFE ERKENNEN

ALUMINIUM : Sehr viele Deo-Hersteller werben mit dem Aufdruck »0 % Aluminium«. Der Hintergrund: Aluminiumsalze verschließen die Poren und stehen im Verdacht, krebserregend und nervenschädigend zu sein. Also lieber ohne!

PALMÖL : Dieser Inhaltsstoff wirkt rückfettend, hautglättend und antioxidativ. Leider wird dieser Zusatzstoff sehr umweltzerstörend angebaut: Deshalb tust du etwas Gutes, wenn du ihn weitgehend vermeidest. Ich versuche mal, diese große Problematik zusammenzufassen: Palmöl wird von großen Konzernen zu sehr günstigen Preisen gekauft. Doch für die Ölpalmenplantagen werden riesige Flächen der Regenwälder abgeholzt – darunter leidet das ganze Ökosystem. Oft fällt es schwer, herauszufinden, ob Palmöl in einem bestimmten Produkt steckt, denn dafür werden Bezeichnungen wie Palmitate, Stearic Acid, Cetearyl Alcohol, Glyceryl Stearate oder Emulsifiers E 471 verwendet.

PARAFFINE : Diese Inhaltsstoffe verstecken sich hinter den Namen Paraffinum Liquidum, Petrolatum, Cera Microcristallina, Ozokerite, Ceresin, Mineral Oil, Paraffin Wax oder Paraffin Oil. Sie sorgen vor allem in Cremes, Nagellacken und Lippenpflegeprodukten dafür, dass die Haut weich und gesund wirkt. Aber: Auch Paraffine bilden eine Art Film auf der Haut, der undurchlässig ist und gar keinen Pflegeeffekt hat. So kann unsere Haut sogar sehr schnell trocken und spröde werden, denn Paraffine beeinträchtigen den eigenen gesunden Stoffwechsel der Hautzellen.

PHTHALATE : Diese Stoffe, auch Weichmacher genannt, sollen uns ein geschmeidiges Gefühl geben – sei es in Kosmetikprodukten oder Waschmitteln. Wie auch Parabene, stehen Phthalate im Verdacht, unseren Hormonhaushalt zu verändern. Leider sind Hersteller nicht verpflichtet, diese Zutat aufzulisten!

PARABENE : Aufgrund ihrer antibakteriellen Wirkung werden diese Substanzen in Kosmetikprodukten als Konservierungsmittel eingesetzt. Aber: Parabene sollen den Hormonhaushalt von Menschen verändern. Bis das Gegenteil nicht bewiesen ist, versuche ich, sie weitgehend zu vermeiden.

SILIKONE : Sie erscheinen in den Zutatenlisten von Kosmetikprodukten unter anderem als Dimethicone, Cyclomethicone, Cyclopentoxilase oder Dimethiconol. Was aber machen Silikone? Als Bestandteil von Shampoos oder Spülungen beispielsweise schlingen sie sich um jedes einzelne Haar und lassen es sehr geschmeidig aussehen. Aber: Die Haare werden dadurch nur beschwert und nicht gepflegt, denn Silikone allein haben keinerlei Pflegewirkung und lassen die eigentlichen Pflegestoffe nicht mehr an das Haar ran.

DIY-GESICHTSMASKEN

AVOCADOMASKE

Diese Maske ist für dich super geeignet, wenn du trockene bis normale Haut hast. Perfekt ist sie aber auch, wenn du auf normale Gesichtsmasken oftmals empfindlich reagierst. Da der Joghurt einen antibakteriellen Effekt hat, kann man die Maske auch ganz toll bei unreiner Haut benutzen.

ZUTATEN

- ½ REIFE AVOCADO
- 1 EL JOGHURT

Ich zerdrücke die halbe Avocado gründlich, sodass eine Creme entsteht. Dann füge ich den Joghurt hinzu und rühre, bis eine einheitliche Masse entsteht. Die Maske trage ich gleichmäßig auf mein Gesicht auf.
Nach ungefähr 15 Minuten spüle ich die Avocadomaske mit lauwarmem Wasser ab – was für ein Unterschied!

BANANENMASKE

Bananen sind wahre Beauty-Booster. Sie enthalten viele Vitamine und vor allem viel Kalium, Magnesium und viele Aminosäuren. Das ist super für den Körper und super für die Haut.

ZUTATEN

- 1 REIFE BANANE
- 1 EL HONIG
- 1 EL OLIVENÖL

Dafür zerdrücke ich zuerst 1 Banane, bis eine fluffige Masse entsteht. Darunter werden noch 1 Esslöffel Honig und 1 Esslöffel Olivenöl gerührt. Das Ganze lasse ich ein paar Minuten stehen.
Dann wird die bräunliche, aber lecker duftende Maske aufs Gesicht aufgetragen. 20 bis 30 Minuten später einfach mit lauwarmem Wasser gründlich abspülen.

HOLLYWOOD-MASKE

Es gibt unglaublich viele Gesichtsmasken, die man zu Hause selbst machen kann. Mein absoluter Favorit ist ein Rezept, das im Kreis der Hollywood-Beautys Insider-Aussagen zufolge wegen seiner natürlichen Zutaten sehr beliebt ist.

ZUTATEN

- 80 g GRIECHISCHER NATURJOGHURT
- 1 EL GEMAHLENER KAFFEE
- 1 EL KOKOSÖL

Dafür nehme ich 80 g griechischen Naturjoghurt. Der enthält viel mehr Fett als normaler – und das mag die Haut. Dazu kommen noch 1 Esslöffel gemahlener Kaffee und 1 Esslöffel gutes Kokosöl. Die Maske versorgt die Haut
mit viel Feuchtigkeit und hat einen sanften Peeling-Effekt.
Die Masse wird gleichmäßig im Gesicht aufgetragen und nach 10 Minuten mit lauwarmem Wasser und kreisenden Bewegungen wieder abgewaschen. Die Haut fühlt sich nach der Maske wirklich toll an – probier sie mal aus!

LIPPEN-PEELING

Einen schönen Mund erachte ich als sehr wichtig, denn er zieht alle Blicke auf sich. Wenn du redest oder wenn du lächelst, ist es der Teil im Gesicht, der oft am meisten ins Auge sticht. Darum sollten die Lippen immer schön gepflegt sein. Es gibt nichts Blöderes als spröde und rissige Lippen. Und das muss auch nicht sein! Mit regelmäßigem Peeling und einem pflegenden Balsam bekommt jeder im Nu geschmeidige Lippen. Ich zaubere mir aus wenigen Zutaten immer mein eigenes Peeling. Wenn es schnell gehen muss, reicht es aber auch, wenn du mit einer trockenen Zahnbürste sanft über deine Lippen kreist. Auch das entfernt abgestorbene Hautschüppchen und regt die Durchblutung an. Danach ordentlich Balsam auftragen. Er pflegt die Lippen, hält sie geschmeidig und schützt vor Austrocknung.

ZUTATEN

- 1 EL FLÜSSIGER HONIG
- 1 TL ÖL (wie Olivenöl, Jojobaöl, Mandelöl – oder natürlich Kokosöl)
- 1 EL BRAUNER ZUCKER

Ich reibe die Mischung sanft über meine Lippen und lasse das Peeling danach 1 Minute einwirken. Die Inhaltsstoffe versorgen die Haut speziell an rissigen Stellen und spenden Feuchtigkeit. Danach mit warmem Wasser abwaschen oder ablecken.

LIPPENPFLEGE

DIY »VITAMIN-C-BALSAM«

Die Herstellung von einer Homemade-Lippenpflege ist etwas aufwendiger als die des Peelings. Aber es lohnt sich! Ich bin ein großer Fan von meinem selbst gemachten »Vitamin-C-Balsam« – der schmeckt so schön frisch.

ZUTATEN

- 2 EL KOKOSÖL
- 2 EL MANDELÖL (Jojobaöl oder Olivenöl gehen auch)
- 1 EL GERIEBENES BIENENWACHS
- 5 TROPFEN VANILLEÖL

Für die Pflege mische ich die verschiedenen Öle mit dem geriebenen Bienenwachs und füge noch ein paar Tropfen ätherische Öle hinzu. Ich bevorzuge Vanilleöl, aber du kannst nach Belieben auch andere nehmen (beispielsweise Lavendel-, Orangen-, Limetten-, Zitronen- oder Pfefferminzöl). Die Masse wird in einem Wasserbad bei schwacher Hitze zum Schmelzen gebracht, bevor sie gut vermischt zum Abkühlen in kleine Dosen oder andere Behälter gegeben wird. Wenn dir die Textur am Ende nicht gefällt, variiere einfach beim Bienenwachs oder den Ölen.

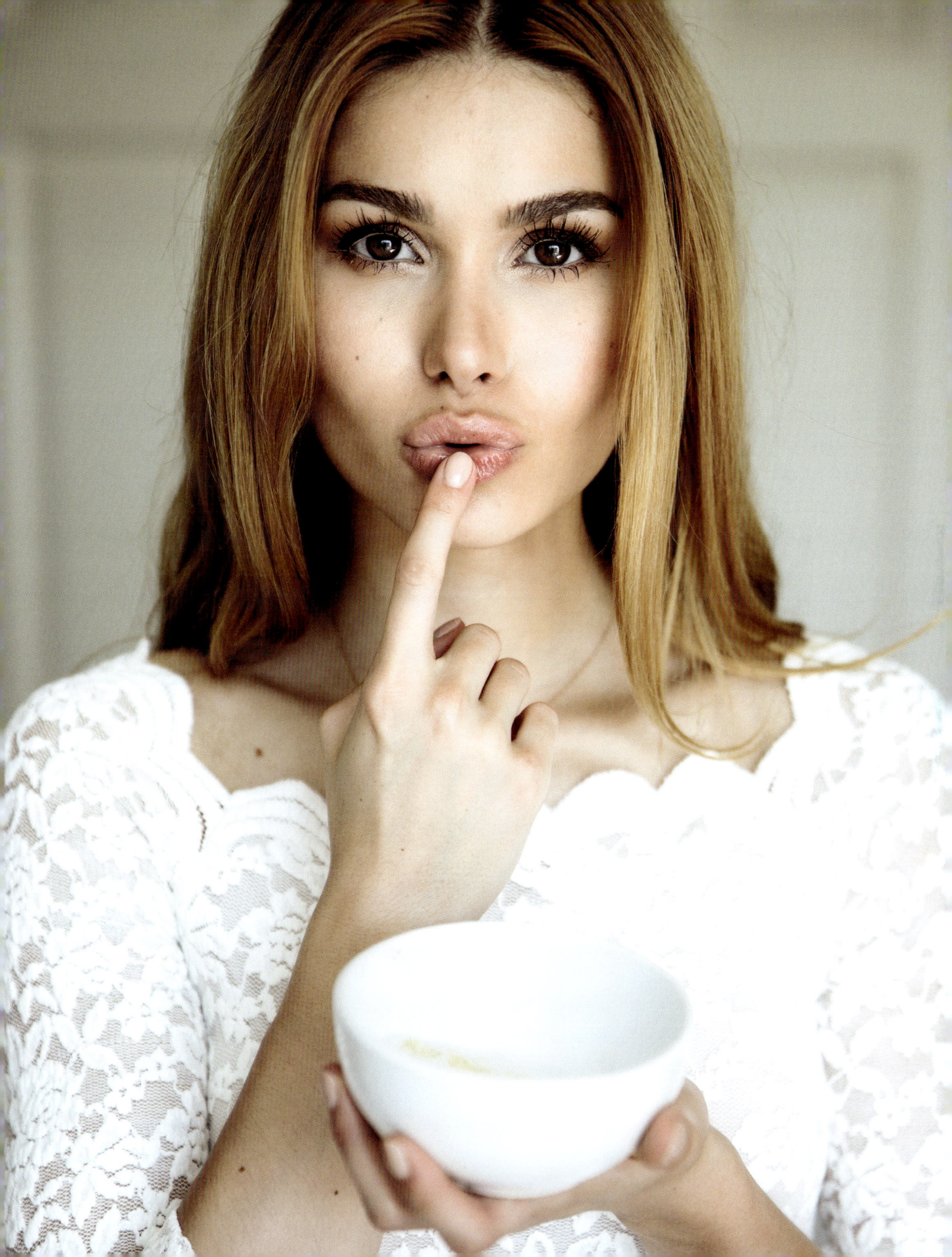

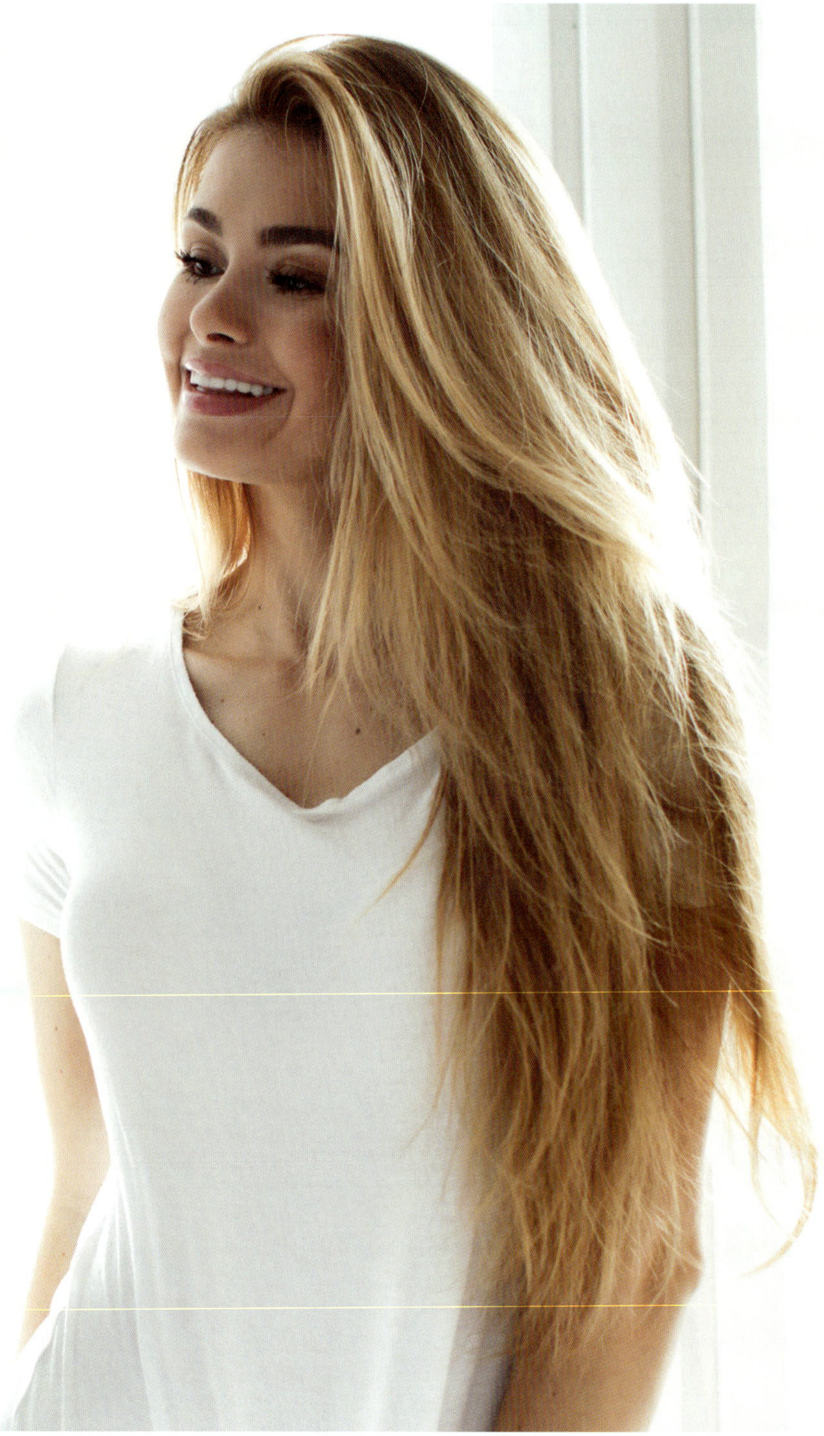

ZAHNPFLEGE

Für ein strahlendes Lächeln gilt: Nach dem Aufstehen – idealerweise auch mittags – und vor dem Schlafengehen müssen die Zähne geputzt werden. Ich verwende dafür eine elektrische Bürste mit weichen Borsten. Zu harte Zahnbürsten können dem Zahnfleisch unwiederbringlich schaden. Zahnseide kommt bei mir abends zum Einsatz. Wenn man sich einmal dran gewöhnt hat, will man dieses saubere Gefühl nicht mehr missen.

Und sonst versuche ich natürlich, auf alles, was die Zähne gelblich verfärbt, zu verzichten.

TIPP: ÖLZIEHEN

Diese aus der ayurvedischen Lehre stammende Mundhygiene-Methode ist leider in Vergessenheit geraten. Superschade! Denn Ölziehen hilft gegen Mundgeruch und Zahnfleischbluten, verringert Zahnbelag und Karies und – mein Lieblingspunkt – lässt Zähne weißer werden. Eben Öko-Bleaching!

Die zähe Flüssigkeit im Mund hin- und herzubewegen ist anfangs merkwürdig. Aber während das Öl immer mehr Bakterien aufnimmt, wird es allmählich dünnflüssiger und verfärbt sich weiß. Ich spüle den Mund möglichst 20 Minuten lang vor dem morgendlichen Zähneputzen mit 1 Esslöffel Kokosöl. Versuch's auch mal!

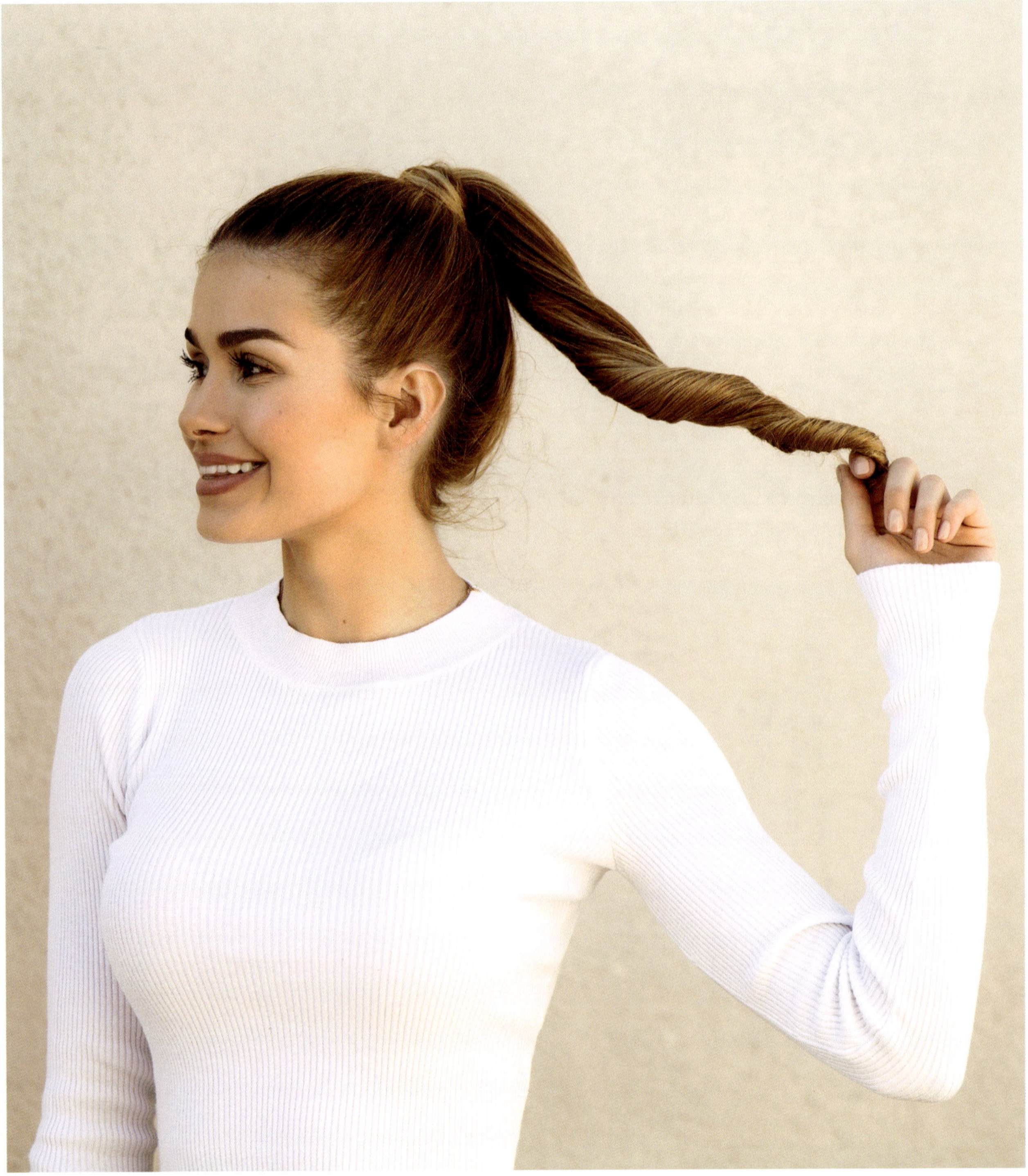

SCHÖNE HAARE

Ich werde superoft gefragt, ob ich Extensions trage. Das gleich mal vorweg:
Nein, tue ich nicht. Meine Haare sind echt! Und mit ein paar Tricks bekommst auch du natürlich schöne Haare.
Statt übermäßig vieler Pflegeprodukte verwende ich »nur« ein schonendes Shampoo und etwas Conditioner.
Alle 2 Wochen verwöhne ich meine Haare mit einer Maske.

DIY-CONDITIONER

Bei trockenem, sprödem Haar ist Eigelb durch den hohen Proteingehalt ein tolles Hausmittel.

ZUTATEN

- 1 EIGELB
- 1 TL OLIVENÖL

Das Eigelb zunächst verrühren und das Olivenöl zugeben. Nach 3–5 Minuten mit lauwarmem Wasser auswaschen.

HAARPFLEGETIPPS:

1. Ich wasche mir die Haare so selten wie möglich: 2-mal die Woche ist ideal. Wenn der Ansatz etwas fettig ist, binde ich mir die Haare am Hinterkopf zusammen und wasche mir über dem Waschbecken nur die Kopfhaut. Das schont die Spitzen.

2. Nach dem Waschen lasse ich meine Haare 20 bis 30 Minuten an der Luft trocknen.

3. Starke Hitze sollte man vermeiden: Föhn und Glätteisen müssen nicht auf der höchsten Stufe eingestellt werden.

4. Ich habe das Motto: Lieber einmal gescheit föhnen, als jeden Tag aufs Neue die Haare stylen zu müssen.

5. Damit meine großen Locken ihren Schwung nicht verlieren, habe ich einen total coolen und einfachen Trick: die »Bananen-Frisur«. Und wie die funktioniert, erkläre ich dir auf Seite 178.

ALLROUNDER KOKOSÖL

Seit einiger Zeit liest man überall vom Wundermittel Kokosöl. Auch ich bin ein großer Fan von diesem Beauty-Allrounder. Ich verrate dir, wie du das Superfood einsetzen kannst.

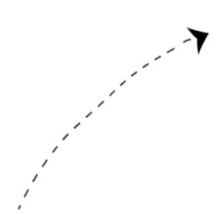

ZUM ZÄHNE BLEACHEN ...

Du kennst ja schon meine morgendliche Ölzieh-Routine, bei der ich den Mund mit 1 Esslöffel Öl ausspüle. Dafür nehme ich am liebsten Kokosöl – das ist auch pur ganz lecker, ganz im Gegensatz zu vielen anderen Ölsorten. Aufgrund seiner antibakteriellen Wirkung beseitigt es unerwünschte Bakterien im Mund. Auf Dauer werden deine Zähne so nicht nur gesünder, sondern auch weißer. Keep smiling :)

FÜR DIE HAARE ...

Das Kokosöl enthält unglaublich viele wichtige Fettsäuren, Vitamine und Mineralien. Perfekt für Beauty-Anwendungen am ganzen Körper. Ich verwende alle 2 Wochen etwas von diesem Wunderöl als Haarmaske für eine Extraportion Glanz. Tschüss, stumpfes und sprödes Haar, hallo, kräftige und geschmeidige Mähne. Die Nährstoffe in diesem natürlichen Pflegemittel beruhigen und pflegen übrigens auch die Kopfhaut. Und schöne Haare fangen eben bei einer gesunden Kopfhaut an.

ALS HAUTPFLEGE …

In Kokosöl befinden sich viele Laurin- und Caprylsäuren. Sie wirken antibakteriell und lindern Reizungen. Also perfekt gegen Pickel und gerötete Stellen! Außerdem spendet diese Beauty-Wunderwaffe Feuchtigkeit und versorgt die Haut mit vielen wichtigen Nährstoffen. Man kann das kalt gepresste Öl übrigens auch hervorragend zum Make-up-Entfernen verwenden. Selbst wasserfeste Kosmetik!

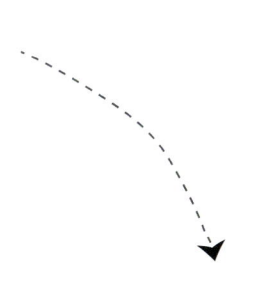

GEGEN CELLULITE …

Schöne Haut ist nicht nur im Gesicht wichtig, sondern am ganzen Körper. Wir Frauen kämpfen ja alle gegen unseren natürlichen Beauty-Feind, die Cellulite. Kokosöl sagt man eine straffende Wirkung nach. Da es tief in die Haut einzieht, kann es sämtliche Hautschichten glätten, nähren und somit auch Rissen vorbeugen. Außerdem regt es die Kollagenneubildung an. Viele Schwangere nehmen das reine Öl gern, da es Dehnungsstreifen und Narbenbildung verringert und den Heilungsprozess der Haut unterstützt.

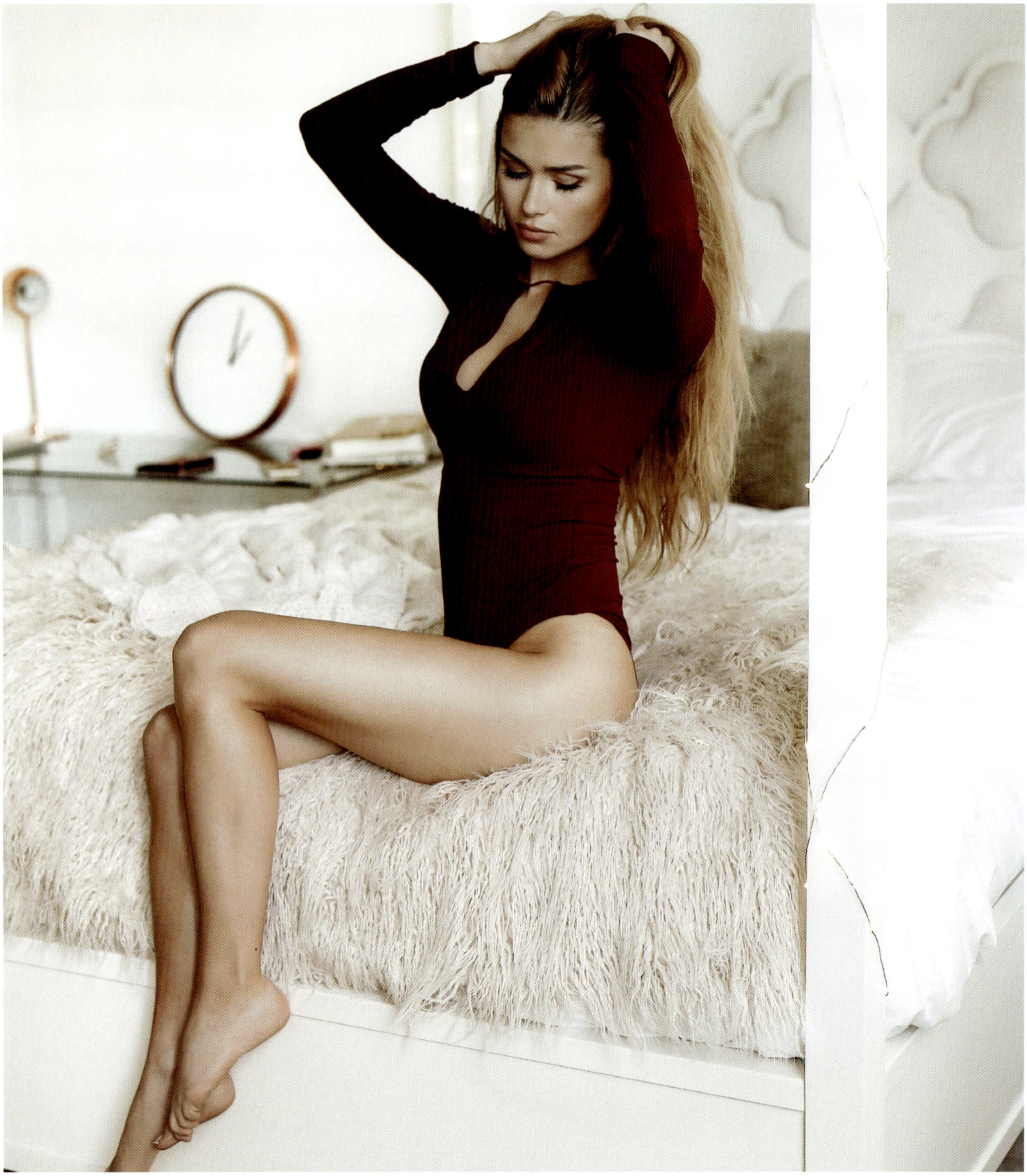

CELLULITE UND DEHNUNGSSTREIFEN

Sie ist total nervig, aber gehört irgendwie zum Frausein dazu: die Orangenhaut. 90 Prozent aller Frauen haben Cellulite. Und auch Dehnungsstreifen ziehen sich häufig spätestens nach der ersten Schwangerschaft über den weiblichen Körper.

DEHNUNGSSTREIFEN & CELLULITE – WARUM?

Die Haut ist wie ein Gummiband. In der Kindheit ist sie noch superelastisch, später dann eher weniger. Bei vielen entstehen die ersten Dehnungsstreifen in der Pubertät. Ein enormer Wachstumsschub überspannt das »Gummiband« und bringt die Haut zum Reißen (auch plötzliche Gewichtszunahme kann das auslösen). Dadurch entstehen die kleinen, länglichen Narben auf der Haut. Cellulite hingegen entsteht ganz anders. Frauen lagern Fett unter ihrer Haut. Und wenn diese Ablagerungen zu groß werden oder das Bindegewebe zu schwach ist, drücken sie sich durch die Kollagenfasern durch. Dadurch sieht die Haut dellig aus. Ein Kraut gegen Cellulite und Dehnungsstreifen ist leider noch nicht gewachsen, aber man kann einiges tun, um diesen Effekt zu verbessern oder hinauszuzögern.

TIPPS:

1 VIEL WASSER TRINKEN
Es ist ganz logisch: Wenn man zu wenig trinkt, trocknet die Haut aus. Wenn die Haut trocken ist, reißt sie schneller. Ist der Flüssigkeitshaushalt im Körper hingegen im Gleichgewicht, dann sind auch die Haut und das Bindegewebe elastischer.

2 EINCREMEN & PEELING
Nährstoffreiche Pflege macht die Haut geschmeidiger und lässt sie nicht so schnell reißen. Ich benutze am liebsten Kokosöl und reibe mir damit meine Oberschenkel und meinen Po 2-mal täglich ein. Dafür kann man auch ein Massagegerät verwenden. Diese Geräte kneten die Haut schön durch und regen so die Durchblutung an.

3 SPORT TREIBEN
Es führt einfach kein Weg dran vorbei: Damit das Bindegewebe gestärkt und durchblutet wird und sich nicht zu viel Fett ablagert, ist einfach Sport notwendig. Spezielle Bein- und Poübungen definieren die Muskeln und straffen den Körper. So wirkt die Haut optisch strammer und glatter.

4 GESUNDE ERNÄHRUNG
Damit sich erst gar nicht zu viel überschüssiges Fett an den Oberschenkeln ansammeln kann oder man nicht unter ständigen Gewichtsschwankungen leidet, ist eine gesunde Ernährung essenziell.

5 WECHSELDUSCHEN
Wie intensive Oberschenkel-Massagen regen auch Wechselduschen die Durchblutung an. Es braucht zwar ein bisschen Überwindung, in der Dusche den Wasserhahn plötzlich auf eiskalt zu stellen, aber es lohnt sich. Der ganze Körper ist danach super durchblutet.

6 NICHT RAUCHEN
Ohne den moralischen Finger heben zu wollen, muss ich ganz klar sagen, dass Rauchen alle möglichen Beauty-Unschönheiten verstärkt. Wer viel raucht, hat eine schlechtere Durchblutung, ein schwächeres Bindegewebe und somit größere Chancen auf frühzeitige Cellulite und auch Falten. Also: Finger weg vom Glimmstängel!

KAFFEE-PEELING

Ein Peeling aus Kaffee ist supereasy.

ZUTATEN

- 5 EL KAFFEEPULVER
- KOCHENDES WASSER (alternativ 5 EL aus dem Kaffeesatz)
- 2 EL JOJOBAÖL
- 2 EL KOKOSÖL

Am einfachsten ist es, die gewünschte Menge aus dem abgekühlten Kaffeesatz zu nehmen. Wer eher Teetrinker ist, der übergießt ein paar Esslöffel Kaffee mit kochendem Wasser und lässt den Satz dann abkühlen. Im Prinzip ist das Peeling so schon fertig – aber ich reichere es noch mit ein paar pflegenden Inhaltsstoffen an. Dafür rühre ich insgesamt 4 Esslöffel hochwertiges Öl unter. Meine Favoriten: natürlich Kokosöl und auch Jojobaöl. Du kannst aber auch gern Olivenöl nehmen. Ich verwende 1-mal die Woche ein Körper-Peeling unter der Dusche, um alte Hautschuppen zu entfernen und die Zellerneuerung anzukurbeln. Mit kreisenden Bewegungen massiere ich meine Oberschenkel, meine Oberarme und meinen Bauch, bevor ich alles mit Wasser wieder abwasche. Das Kaffee-Peeling ist einer meiner absoluten Favoriten, weil das Koffein die Durchblutung anregt, die Textur superangenehm ist und man danach so lecker duftet.

DIY-KÖRPER-PEELING

HONIG-&-SALZ-PEELING

Dieses Peeling ist aus zweierlei Gründen ein absolutes Beauty-Must-have: Auf der einen Seite hilft es bei Pickelchen und auf der anderen Seite kann es Cellulite reduzieren. Das grobkörnige Salz aktiviert die Durchblutung der Haut und des Bindegewebes und strafft es dadurch. Außerdem holen wir uns mit dem Tote-Meer-Salz nicht nur die sanfte und reine Haut aus dem Sommerurlaub zurück, sondern auch echtes Summer Feeling unter der heimischen Dusche. Der Honig riecht supergut und hat zudem eine entzündungshemmende Wirkung. Die Buttermilch lässt die Haut geschmeidig werden.

ZUTATEN

- 5 EL FLÜSSIGER WALDHONIG
- 11 EL GROBES MEERSALZ (am besten aus dem Toten Meer, da dieses einen besonders hohen Anteil an Mineralien hat)
- 1 EL BUTTERMILCH

Einfach Waldhonig, Meersalz und Buttermilch vermengen und mit kreisenden Bewegungen auf die Haut auftragen. Wichtig: Du solltest das Peeling allerdings nicht direkt nach der Haarentfernung anwenden. Das Salz brennt sonst ziemlich auf der gereizten Haut. Anschließend gründlich mit Wasser abwaschen.

◆ 157 ◆

Beauty
MAKE-UP

BE YOUR OWN KIND OF BEAUTIFUL.
———

Schon als kleines Mädchen fand ich Make-up unglaublich faszinierend. Damals habe ich mich natürlich noch nicht selbst geschminkt, aber ich habe es immer geliebt, meine Mama dabei zu beobachten. Es hat mich fasziniert, wie sie sich zu verschiedenen Anlässen vor dem Spiegel zurechtgemacht hat und sich super konzentriert hat, um dabei genau zu arbeiten. Ich hätte ihr dabei stundenlang zuschauen können. Als ich ins Teenageralter kam, habe ich angefangen, mich selbst zu schminken: Es war wahnsinnig toll, mit Mascara, Concealer und Lipgloss zu experimentieren und immer wieder neue Schminktipps von Freundinnen auszuprobieren. Und dann kam die Ära von YouTube: Dort schaute ich mir unzählige Tutorials an und lernte dabei nicht nur viele Schminktricks kennen, sondern verbesserte nebenbei auch mein Englisch.

I ♥ MAKE-UP

Ich finde, Make-up sollte Spaß machen, und den habe ich definitiv damit. Heute genieße ich es, alles ausprobieren zu können, was mir gefällt. Ich bin nämlich der Meinung, dass Make-up nicht unbedingt dafür da ist, nur Makel auszubessern. Denn diese machen uns zu etwas ganz Einzigartigem und individuell Schönem. Mit Schminke kann man zwar Kleinigkeiten verdecken, aber viel lieber sollte man damit die Besonderheiten in unserem Gesicht akzentuieren und noch besser hervorheben. Ich mache das am liebsten bei meinen Lippen und meinen Wimpern. Es ist unglaublich, wie viel Lipliner und Lippenstift ich verbrauche. Egal, ob ich an einem Tag komplett geschminkt bin oder nur etwas Mascara trage – ohne Lippenstift geht bei mir nichts.

Eigentlich mache ich jeden Tag die gleiche Make-up-Routine, dennoch brauche ich immer unterschiedlich lange dafür.

Manchmal sind es 20 Minuten. Wenn ich mir besonders viel Mühe gebe, sogar 40 Minuten. Es liegt natürlich auch daran, wie viel Zeit ich mir morgens für alles lassen kann. Wenn ich nicht aus dem Bett gekommen bin, muss es eben schneller gehen. Für mich ist Schminken kein lästiges Muss, sondern es macht mir wirklich Spaß. Ich könnte mich über Stunden hinweg mit Pinseln, Puder & Co. beschäftigen. Richtige Pinsel sind übrigens ganz wichtig – dazu werde ich dir auf den folgenden Seiten auch noch einige Tipps geben.

WARUM MAKE-UP-FREIE TAGE?

Es gibt viele Frauen, die sich ohne Make-up überhaupt nicht wohlfühlen und selbst zum Brötchenholen perfekt geschminkt sein müssen. Bis vor wenigen Monaten war das bei mir ganz ähnlich. Ich hatte mit Akne zu kämpfen.

Ja, wirklich. Ich spreche hier nicht von 3 Pickeln im Gesicht, sondern eher von 30. Das hat logischerweise ziemlich an meinem Selbstbewusstsein genagt. Auf Bildern konnte ich das dank Filter und guter Lichtverhältnisse ziemlich gut verbergen, aber live ging das nicht so einfach. Inzwischen ist meine Haut zum Glück nicht mehr so anfällig für Pickel und ich fühle mich auch ungeschminkt wohl. Das ist mir übrigens sehr wichtig, weil ich an manchen Tagen ganz bewusst auf Make-up verzichte, damit die Haut atmen kann. Auch wenn du die besten Produkte verwendest, trägst du doch den ganzen Tag eine dünne Maske über deinem Gesicht. Und dann ist es auch mal wichtig, der Haut etwas Erholung zu gönnen.

WELCHE SCHMINK-TOOLS ICH BRAUCHE

Da Schminken eine meiner absoluten Leidenschaften ist, probiere ich supergern neue Schminktechniken aus. Einfach so – zum Spaß und zum Üben. Und da ich Make-up liebe, teste ich auch immer wieder neue Produkte und Tools. Man muss auch viel probieren, um seinen Lieblings-Look und seine favorisierten Produkte zu finden.

ÜBUNG MACHT DEN MEISTER: DAS GILT AUCH BEIM MAKE-UP.

Der perfekte Lidstrich klappt eben nicht beim ersten Mal.

Mittlerweile gibt es unglaublich viele Schmink-Tools auf dem Markt. Viele davon sind Spielereien, aber ein paar solltest du unbedingt in deinem Kosmetikschränkchen haben. Sie erleichtern dir die »Arbeit«:

1. Ich habe zum Beispiel immer eine gute Pinzette dabei, um Augenbrauenhärchen, die aus der Reihe tanzen, zu entfernen.

2. Auch ein kleines Bürstchen darf nicht fehlen. Ich habe ja doch recht markante Brauen und die bürste ich mir immer in Form.

3 Außerdem liebe ich mein Make-up Ei. Ein gleichmäßiges und perfektes Finish ist ohne diesen tropfenförmigen Schwamm gar nicht mehr machbar. Darum arbeiten auch professionelle Make-up-Artists auf der ganzen Welt mit diesem Blender.

4 Und für den perfekten Augenaufschlag benutze ich immer eine Wimpernzange, wahrscheinlich die beste Erfindung ever!

MEIN KLEINES PINSEL-1x1

Und zu guter Letzt lege ich großen Wert auf gute Pinsel. Früher war mir nicht klar, dass es so viele verschiedene Schminkpinsel gibt. Ich hatte 2 oder 3, die ich für alles Mögliche benutzt habe. Aber jetzt weiß ich, dass jeder einzelne eine gewisse Funktion hat. Die verschiedenen Formen haben einen spezifischen Sinn. Eigentlich ganz einfach, aber man muss es einfach mal gehört haben.

MUST-HAVES: PINSEL

Du solltest auf jeden Fall …

1 … einen kleinen festen und einen etwas größeren fluffigen Pinsel für Lidschatten haben,

2 einen mit schräger Spitze für das Contouring,

3 einen großen für Puder,

4 einen fächerförmigen für den Highlighter und

5 einen kleinen, relativ festen und abgeschrägten Pinsel für die Augenbrauen und den Eyeliner.

Du wirst sehen: Diese »haarigen Helfer« vereinfachen das Schminken ungemein. Es gibt Pinsel aus Synthetikhaar und welche aus Echthaar. Ich bin der Meinung, dass es keine eindeutige Antwort auf die Frage gibt, welche Borsten besser sind. Es kommt ganz auf die Qualität und auf die eigenen Kriterien an.

Manche wollen aus moralischen Gründen keine tierischen Produkte benutzen oder haben sogar eine Tierhaarallergie – für die ist Synthetik logischerweise geeigneter. Außerdem lässt sich vor allem flüssige Kosmetik wie Foundations, Concealer und Creme-Rouge besser mit den synthetischen »Borsten« auftragen (wirklich borstig sollte sich natürlich kein Pinsel auf der Haut anfühlen!). Echthaarpinsel sind jedoch meistens hochwertiger und bei richtiger Pflege auch langlebiger. Dafür muss man aber auch etwas mehr bezahlen. Aber ich finde, ein richtig gutes Pinselset ist auch das perfekte Geburtstags- oder Weihnachtsgeschenk.

RICHTIGE PINSELPFLEGE

Egal, welche Schminkpinsel du dir kaufst – oder wünschst –, es gibt eine Faustregel: Man sollte sie regelmäßig, idealerweise jede Woche, reinigen. Diesen Tipp – oder besser gesagt – dieses Gebot habe ich schon von unzähligen Experten gehört: Das macht auch wirklich Sinn. Zum einen werden so die eingelagerten Farbpigmente immer wieder rausgewaschen und du musst dich nicht mehr ärgern, wenn dein Augen-Make-up auf einmal viel dunkler geworden ist, als du es eigentlich wolltest.

Zum anderen ist es einfach viel hygienischer, weil du nicht über etliche Tage die Bakterien zwischen den Pinselhaaren züchtest. Es gibt spezielle Reinigungsprodukte und Seifen für deine Schmink-Tools, aber die sind meistens etwas teuer und auch nicht notwendig. Ich habe mir einfach ein mildes Shampoo (Babyshampoo) zugelegt – das tut es auch. Diesen Trick habe ich mir von einem Profi-Visagisten abgeschaut.

Reinige deine Pinsel niemals mit Spülmittel oder Waschmittel, das ist viel zu aggressiv und macht die Härchen spröde.

Ich wasche meine Pinsel immer abends oder an meinem make-up-freien Tag. Dafür halte ich sie unter lauwarmes Wasser, reibe das Shampoo sanft ein und wasche alles gründlich wieder aus. Du wirst staunen, was sich in einer Woche alles in den Härchen angesammelt hat. Danach tupfe ich die Borsten ganz vorsichtig ab und lege alle Pinsel zusammen auf ein Handtuch, damit sie über Nacht schön trocknen können.

2 PINSEL-NO-GOs:

Lege Pinsel nicht auf eine Heizung: Das mögen die Borsten nicht, sie trocknen zu sehr aus.

Stelle Pinsel auch nicht aufrecht in ein Glas: So läuft das Wasser nach innen, wodurch sich mit der Zeit der Kleber löst und den Pinseln die Haare ausfallen.

MUST-HAVES FÜR'S DAILY MAKE-UP:

- BB-CREME
- WIMPERNBASE
- WIMPERNTUSCHE
- HELLER CONCEALER (gegen Augenringe)
- NORMALER CONCEALER (gegen Unreinheiten)
- MINERALPUDER für das Gesicht
- HELLES PUDER zum Fixieren des Concealers unter den Augen
- BRONZER
- HIGHLIGHTER
- LIDSCHATTEN (Creme & Puder), Brauntöne auf dem Augenlid, helle schimmernde Beigetöne im Augeninnenwinkel
- KAJAL
- AUGENBRAUENPOMADE / AUGENBRAUENGEL
- LIPPENBALSAM
- LIPPENKONTURENSTIFT
- LIPPENSTIFT

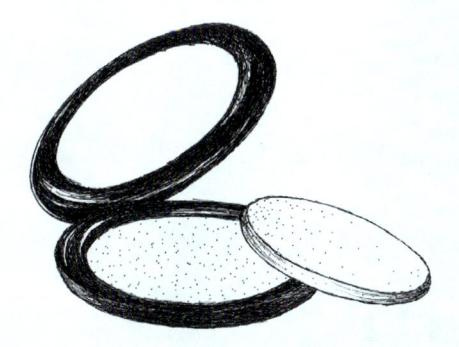

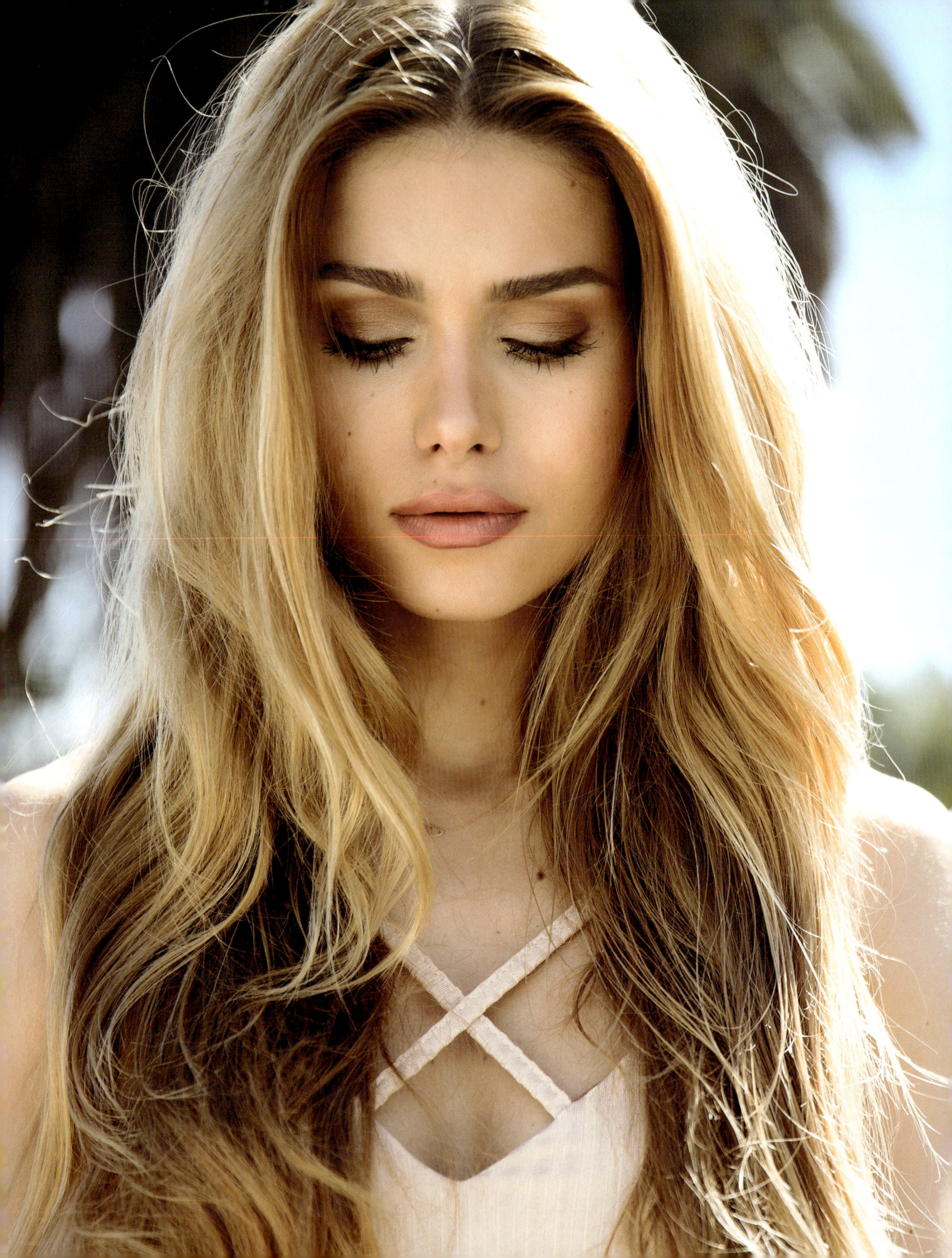

Everyday Look

MEIN TAGES-MAKE-UP

Abgesehen von der make-up-freien Zeit schminke ich mich eigentlich jeden Tag. Nicht nur, wenn ich irgendwelche Termine habe, sondern auch so für meinen Alltag. Einfach, weil es mir viel Spaß macht, die Pinsel zu schwingen.

Mein normales Tages-Make-up ist eher in natürlichen Tönen gehalten. Die stehen mir zum einen ganz gut und sind zum anderen auch nicht so auffallend. Beim Lidschatten nehme ich daher sehr gern Brauntöne, matt und schimmernd, und für den Mund ist roséfarbener Lippenstift angesagt. Das zaubert im Nu eine gewisse Frische und man sieht nicht überschminkt aus.

STEP BY STEP

- Gesicht mit Pflege eincremen (UV-Schutz nicht vergessen!)
- Zuerst Wimpern tuschen (da mir mit der Mascara immer kleine Malheure passieren) ...
- ... dann erst: Augenringe mit hellem Concealer kaschieren
- Pickelchen mit normalem Concealer abdecken
- Concealer in die Haut »eintupfen« und ausblenden
- Concealer-Partien mit Puder fixieren
- Bronzer unter den Wangenknochen auftragen
- Lidschatten & Kajal auftragen
- Augenbrauen schminken & fixieren
- Lippen schminken

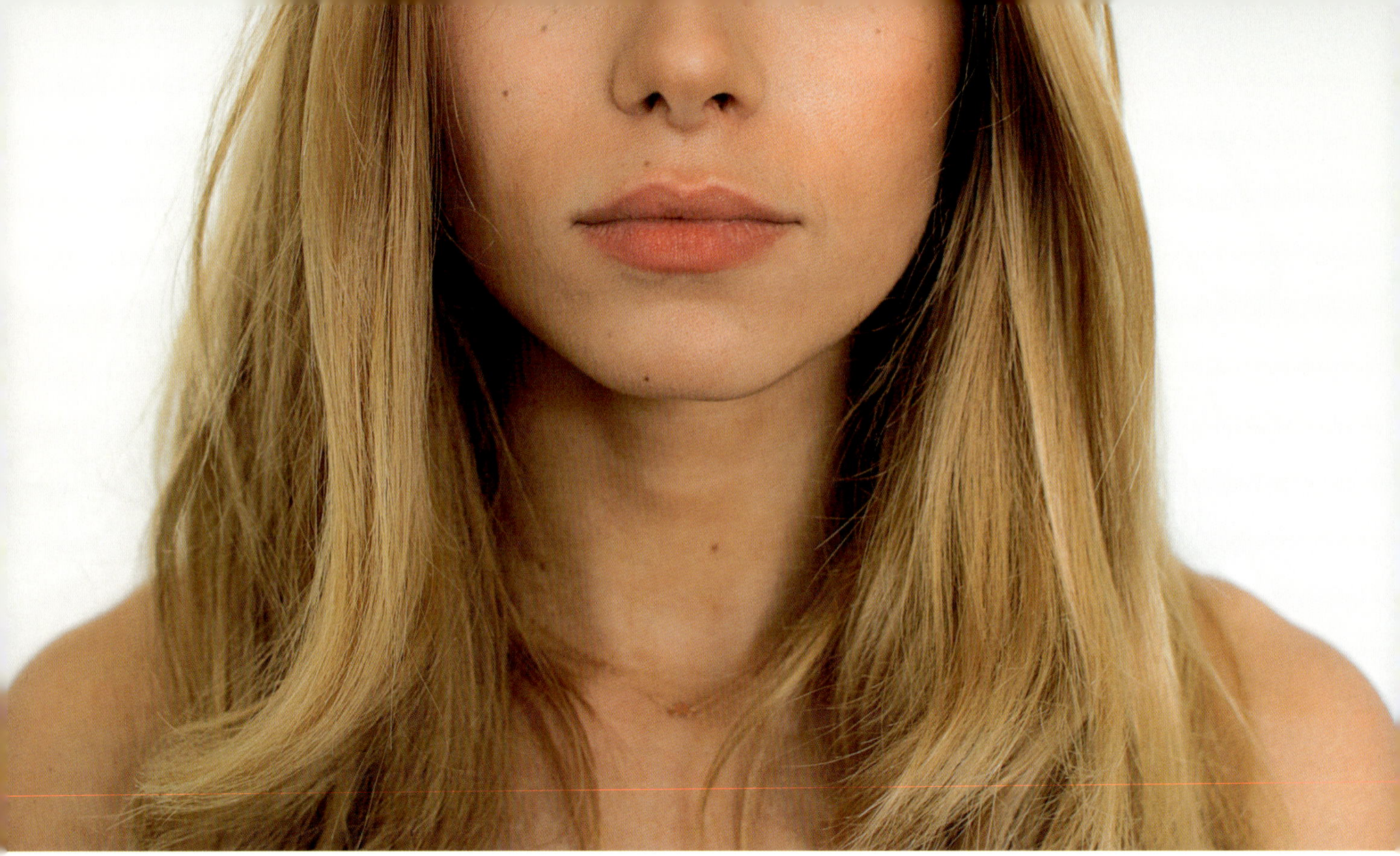

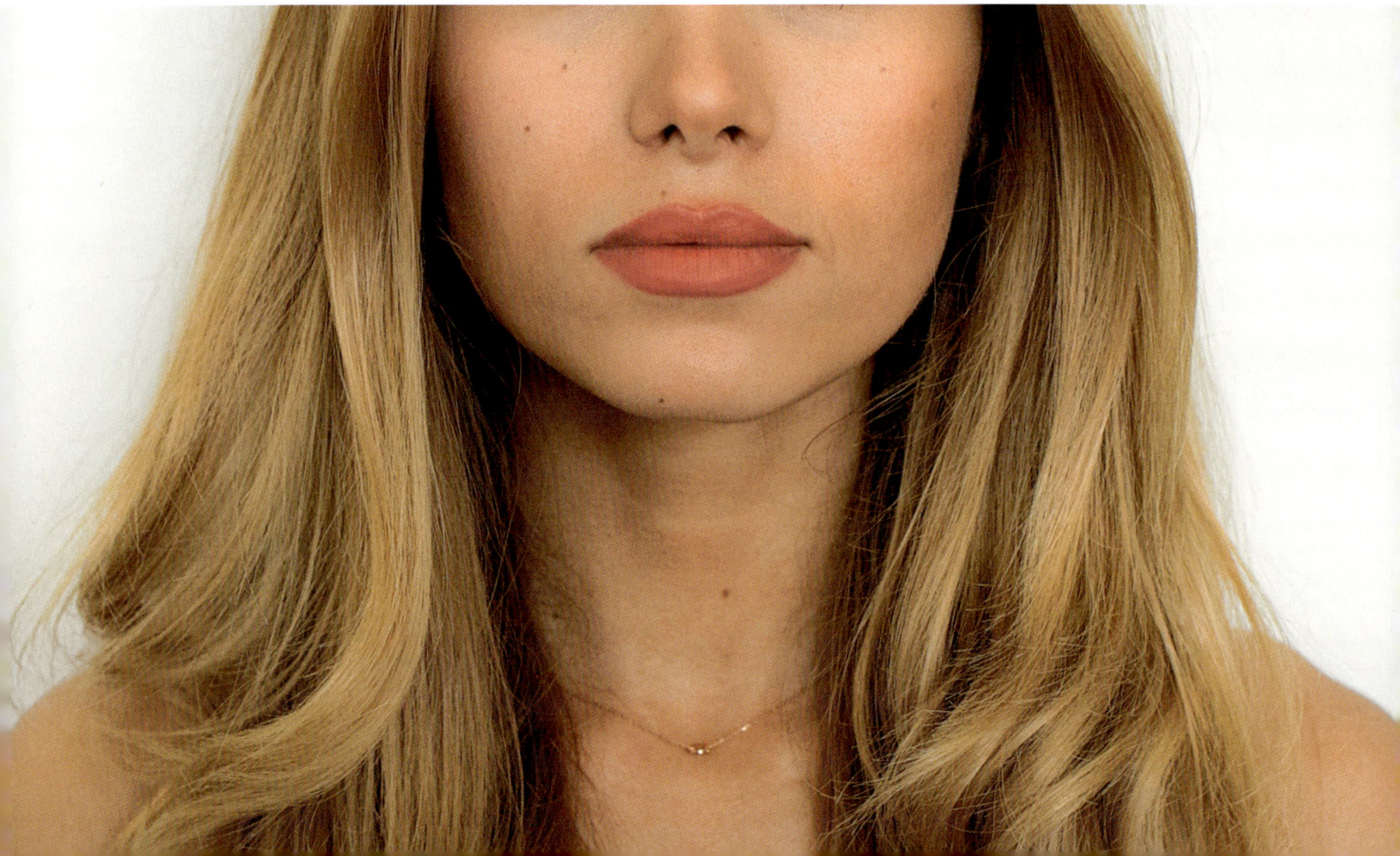

LIPLINING

Ich werde oft gefragt, ob ich mir meine Lippen habe aufspritzen lassen, da sie viel voller wirken als noch vor 1 oder 2 Jahren. Aber nein, das habe ich nicht – dieser Schmollmund ist vor allem Make-up und der richtigen Schminktechnik zu verdanken.

SO ZAUBERST DU DIR EINEN SCHMOLLMUND

Du brauchst dazu nur einen Lipliner, der zu der natürlichen Farbe deiner Lippen passt, einen Lippenstift und einen Balsam. Letzteren trägst du auf, damit dein Mund gepflegt ist und die Haut nicht zu trocken aussieht. Dann kommt der wichtigste Schritt: Mit dem Lipliner »übermalst« du deine Lippen. Das bedeutet, dass du ihn einen Ticken über der Lippenkontur ansetzt und dadurch deinen Mund größer zeichnest. Übertreibe es nur nicht, sonst sieht man sofort, dass du schummelst :) Wenn du deinen Mund »eingerahmt« hast, trägst du etwas Lippenstift auf. Ich benutze hierfür meistens einen roséfarbenen Lippenstift. Für einen natürlichen Look reicht es, wenn du nur ein paar Tupfen der Farbe aufträgst und diese dann mit dem Finger ausblendest. Eigentlich ist der Mund jetzt perfekt geschminkt. Wenn du willst, kannst du noch etwas farblosen Gloss auftragen. Das lässt die Lippen noch voller wirken – mir ist es aber meistens zu klebrig.

DER RICHTIGE TON

Es gibt mittlerweile so viele Lippenstiftfarben mit etlichen verschiedenen Untertönen: bläuliches Rosa, warmes Rosa, Braun, Rot, Korall oder Nude. Diese Untertöne können entweder kühl oder warm sein. Aber nicht jeder Unterton passt zu jedem Hauttyp. Beherzige folgende Regel: Der richtige Lippenstift sollte dir selbst dann stehen, wenn du komplett ungeschminkt bist.

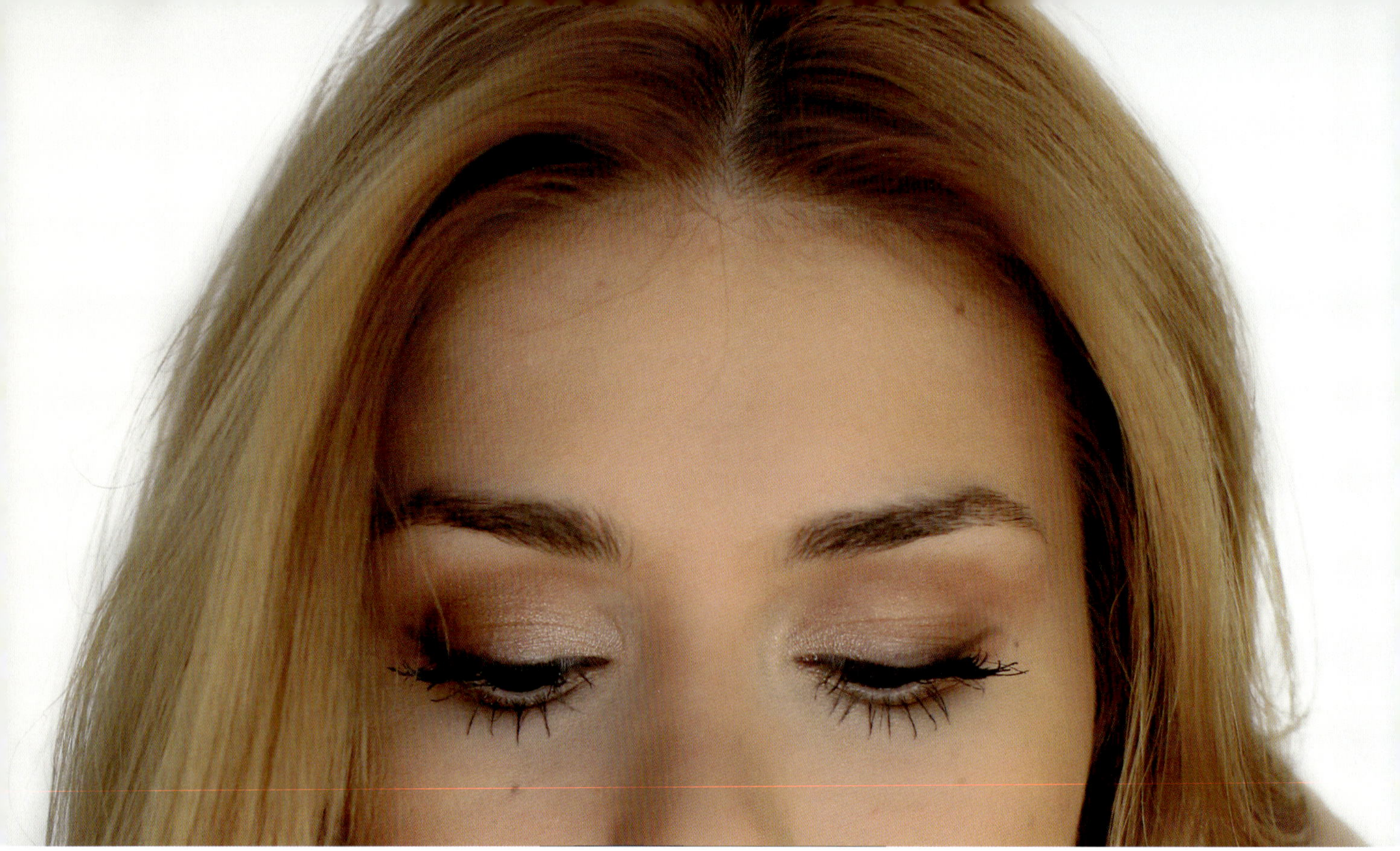

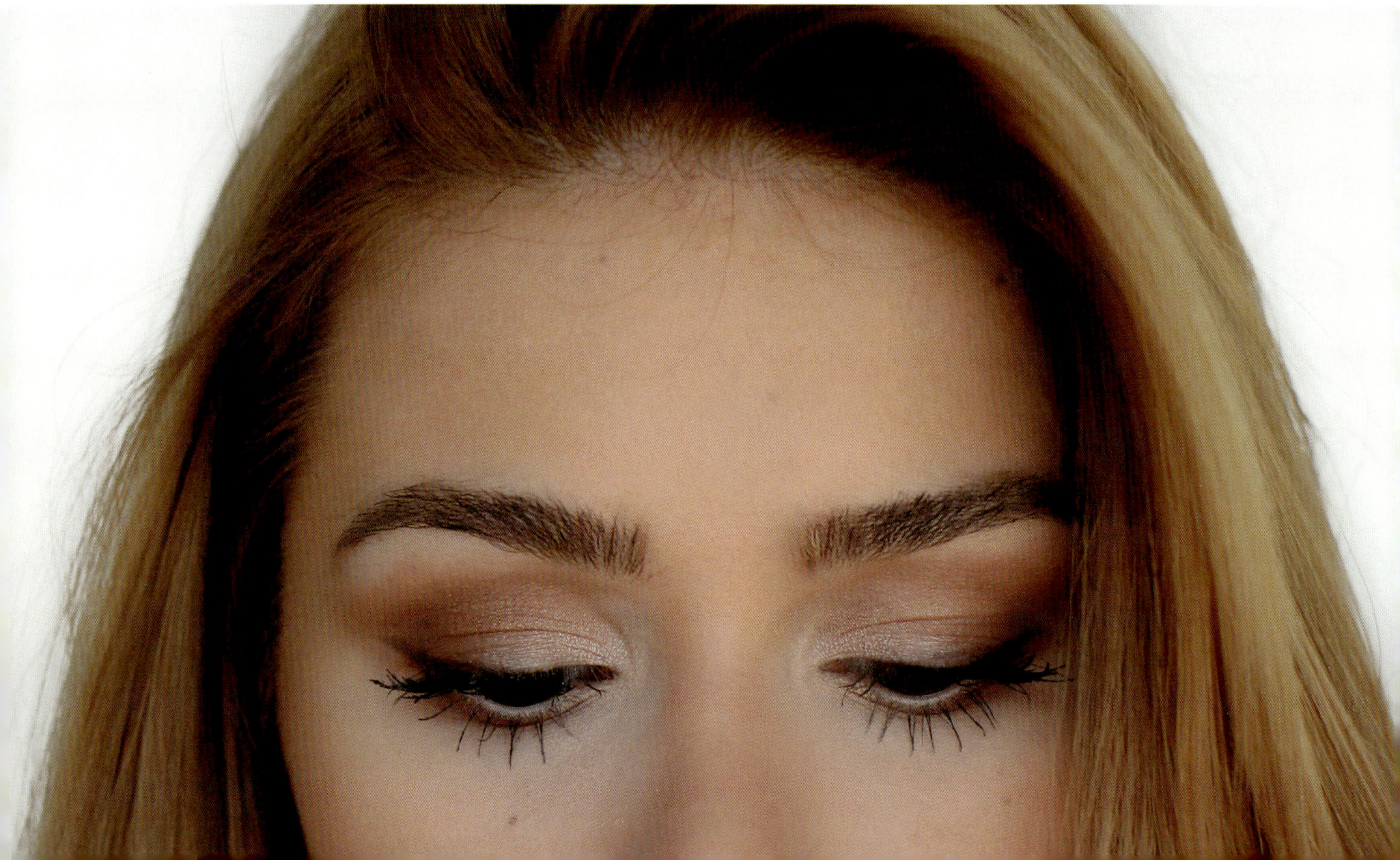

AUGENBRAUENROUTINE

Deine Augenbrauen formen dein Gesicht und geben ihm Kontur. Wissenschaftler haben sogar bestätigt, dass sie eins der wichtigsten Gesichtsmerkmale sind.

DER AKTUELLE TREND GEHT WEG VON DÜNNEN AUGENBRAUEN HIN ZU NATÜRLICHEN, VOLUMINÖSEN BRAUEN. DAS FINDE ICH SO VIEL SCHÖNER!

DIE RICHTIGE FORM

Wie bei den Wimpern habe ich das Glück, dass meine Augenbrauen ziemlich dicht sind. Bei der Form habe ich nicht allzu viel zu korrigieren. Zum Zupfen und zum Nachzeichnen bestimme ich meine Brauenform immer so:

A: Ich nehme einen Pinsel und halte ihn entlang meines Nasenrückens. Dort, wo sich Braue und Pinsel treffen, sollte die Braue beginnen.

B: Um den höchsten Punkt meiner Braue zu bestimmen, halte ich den Pinsel vom Nasenflügel über den Rand meiner Pupille.

C: Den Abschluss meiner Augenbrauen finde ich mit dem Pinsel, indem ich ihn vom Nasenflügel bis zum äußeren Augenpunkt halte.

Zum Trimmen meiner Augenbrauen bürste ich sie nach oben und schneide vorsichtig am oberen Rand entlang. Und wenn du dir bei deiner Brauenform unsicher bist, lass dir einfach in einem Kosmetikstudio helfen. Bei sehr »wilden« Augenbrauen kommt auch ein Waxing infrage. Aber bitte nicht zu Hause ausprobieren und vor lauter Begeisterung gleich übertreiben! Das kann schnell danebengehen.

DAS STYLING

Für meine Brauen trage ich ein cremiges Produkt mithilfe eines angeschrägten Pinsels ganz präzise mit feinen Pinselstrichen auf. Ich zeichne von der Mitte bis zum Ende und fülle dann am Anfang noch ein wenig mit vertikalen Pinselstrichen aus. Du kannst auch nur die Kontur mit einem cremigen Produkt nachzeichnen und mit Brauenpuder auffüllen.

Zum Schluss fixiere ich alles mit Augenbrauengel, damit meine Brauen den ganzen Tag in Form bleiben.

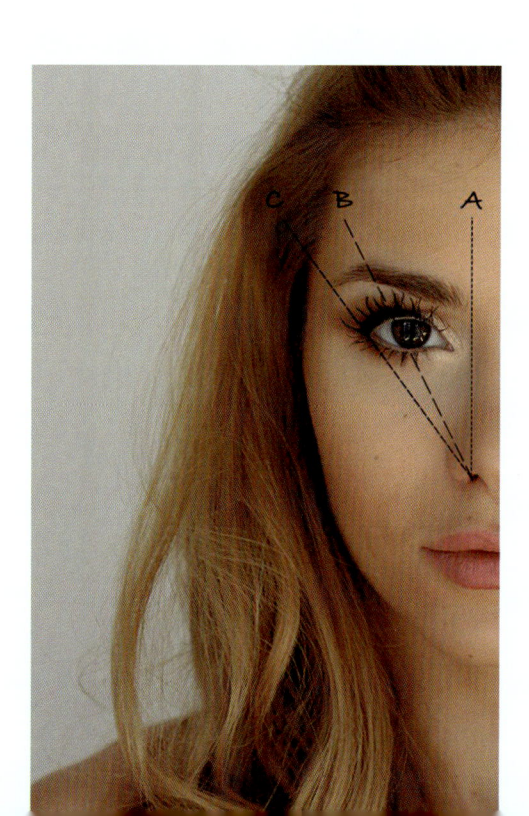

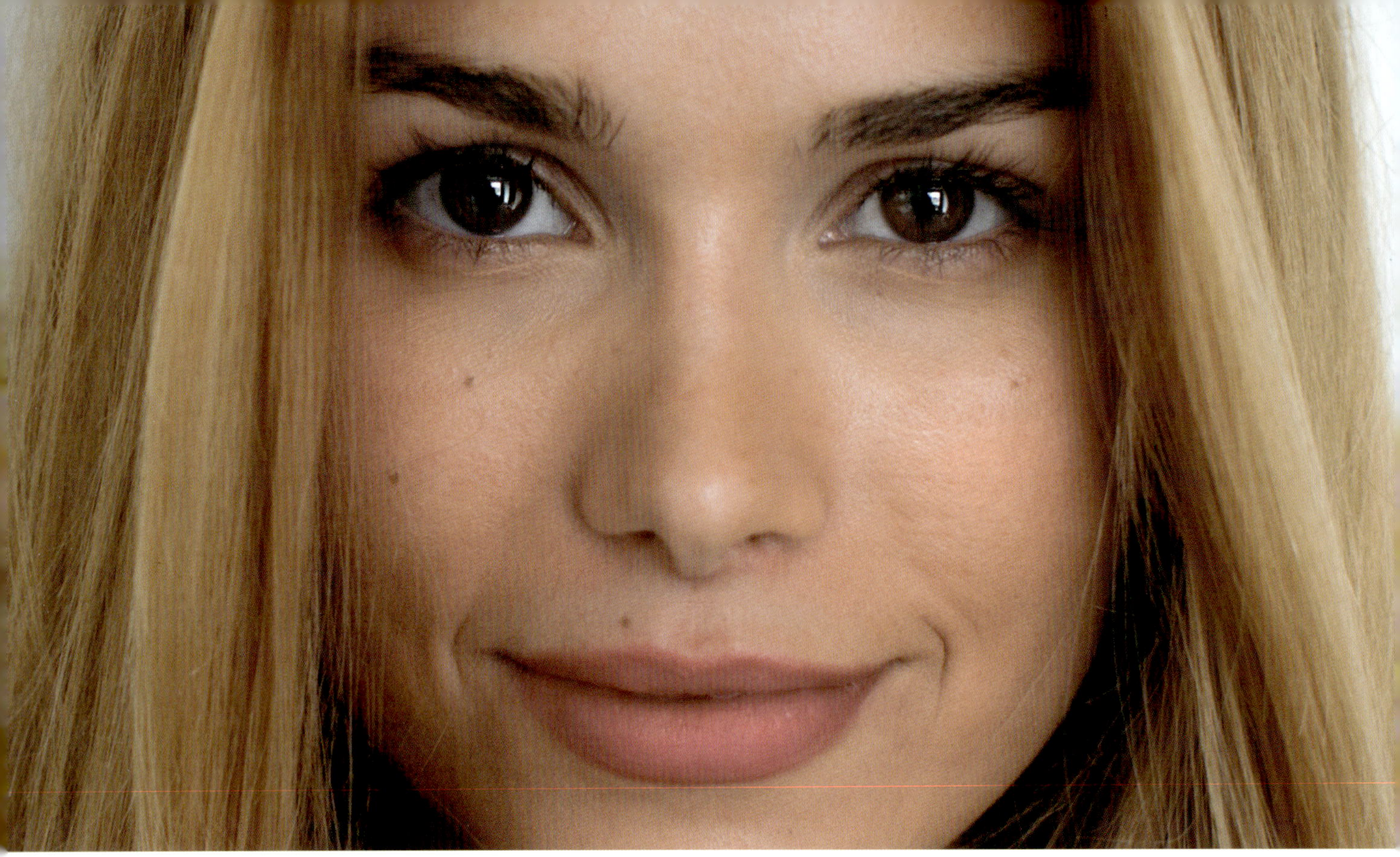

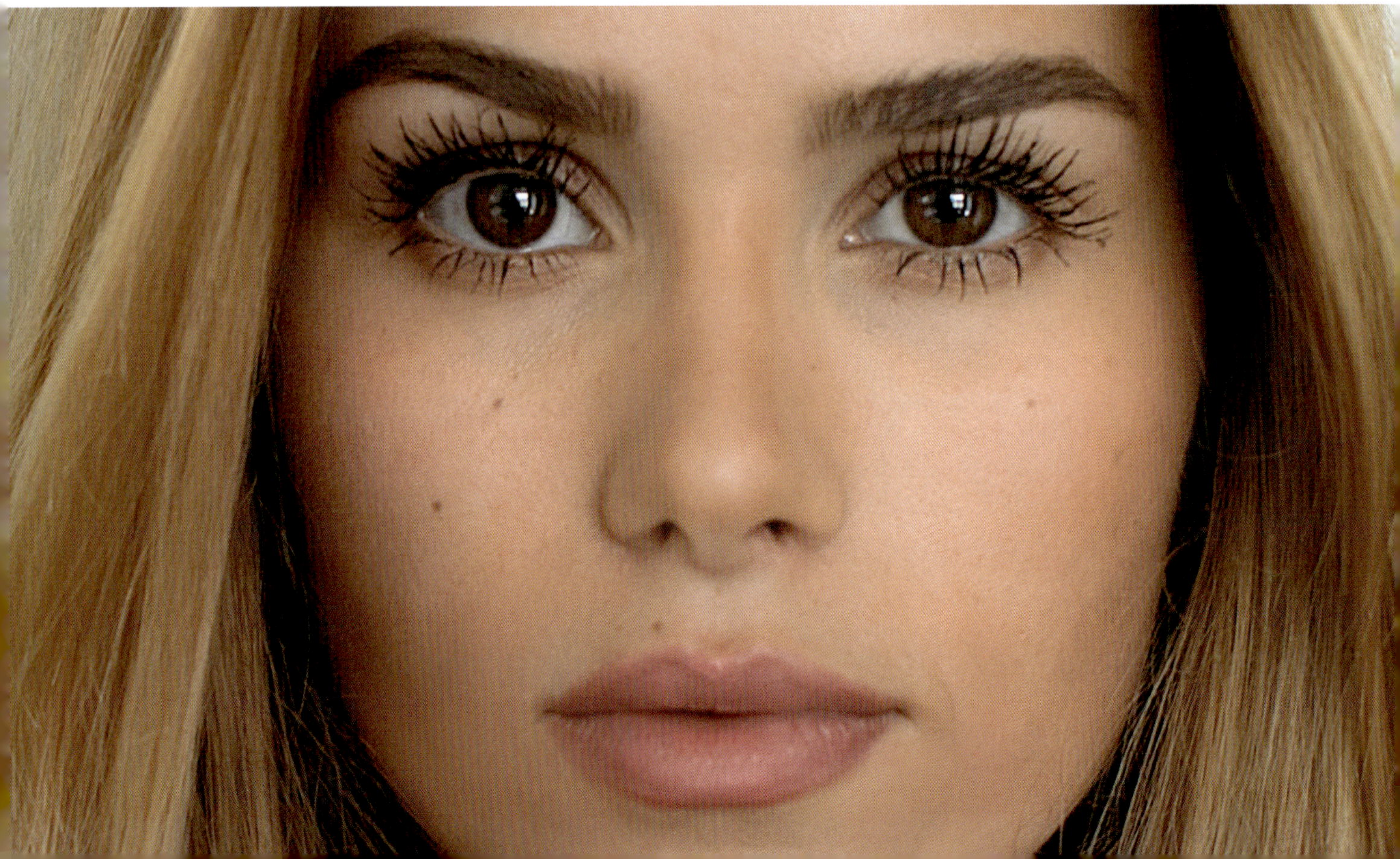

WIMPERN TUSCHEN

Eines meiner absoluten Lieblingsthemen ist das Wimperntuschen.

WENN ICH FÜR DEN REST MEINES LEBENS NUR NOCH EIN EINZIGES MAKE-UP-PRODUKT VERWENDEN DÜRFTE, WÄRE DAS DEFINITIV MEINE MASCARA.

Die meisten glauben mir nicht, dass ich keine Fake Lashes trage – aber auch hier ist alles echt. Ich gebe zu, dass ich total Glück habe. Die langen Wimpern habe ich von meiner Mama geerbt.

MEIN FAVORIT: DICKE, GANZ SCHWARZE UND SUPERLANGE WIMPERN

Für diesen Look brauchst du Wimpernzange, Primer, Mascara und Wattestäbchen. Für den richtigen Schwung verwende ich die Wimpernzange. Beim Curlen mache ich mit der Zange ein paar kleine »Auf-und-zu«-Bewegungen. Danach trage ich gleich den Primer auf. Und glaub mir, ohne ihn sehen meine Wimpern nur halb so gut aus! Der Primer pflegt, schützt, verleiht den Wimpern mehr Länge und lässt den Schwung länger halten.

Als Nächstes kommt die Mascara, die ich in Zickzackbewegungen auftrage. Mir reichen meistens 1 oder 2 Schichten. Wichtig ist, dass die Wimpern nicht zusammenkleben, sonst sehen sie aus wie Fliegenbeinchen. Zuletzt verleihe ich meinen Wimpern noch einmal Extraschwung. Mein Trick: Ich biege die Härchen mit meinem Zeigefinger nach oben. Ich mache das immer so, dass ich nach unten schaue, meinen Wimpernkranz am Ansatz mit dem Zeigefinger berühre und nach oben an das Augenlid drücke. Jetzt muss ich nur noch etwas »putzen« :) Bei mir geht nämlich immer richtig viel Mascara daneben: Daher kommen nach dem Wimperntuschen auch erst der Lidschatten und der Eyeliner. Kleine Patzer entferne ich leicht und präzise mit einem feuchten Wattestäbchen.

Et voilà – der perfekte Augenaufschlag.

From Day ...

PERFECT DAY

Es braucht nur ein paar Handgriffe, um meinen Alltags-Look in einen Glamour-Look zu verwandeln. Ich setze dafür auf Special Effects bei den Augen und den Lippen:

... to Night

NIGHTLIFE

Die Augen akzentuiere ich mit einem dunkleren Eyeliner und einem dunkelbraunen Lidschatten für die obere Lidfalte. Das sorgt für Extradrama. Die Lippen betone ich mit einer etwas auffälligeren und stärkeren Farbe – fertig ist der Abend-Look.

Beauty

HAARROUTINE

> YOU'RE NEVER FULLY DRESSED WITHOUT GREAT HAIR.

Ich wurde auf meinem Blog schon sehr oft gefragt, wie oft ich meine Haare style, damit sie jeden Tag so schön fallen. Meine Devise lautet: Lieber einmal gescheit föhnen als jeden Tag neu. Wie ich ja schon erzählt habe, wasche ich meine Haare 2-mal die Woche. Sobald die Haare handtuchtrocken sind, föhne ich sie – wie auf den nächsten Seiten zu sehen ist – mit Rundbürsten, das bringt einen wunderschönen Schwung und hält ziemlich lange. Und damit meine Haare bis zum nächsten Waschgang schön wellig bleiben, trage ich tagsüber möglichst oft und nachts immer meine »Bananen-Frisur«. Wie die funktioniert, erkläre ich dir gleich noch ganz genau.

MEIN LOCKENTRICK MIT DEM GLÄTTEISEN

Wenn mir meine großen Locken mal nicht so gut gelungen sind, helfe ich auch gern mal mit einem Glätteisen nach. Kennst du den Trick, wie man damit Locken zaubert? Dazu nimmst du eine einzelne Strähne ins Glätteisen und drehst dein Handgelenk einmal nach vorn. Dadurch wird das Haar nicht glatt, sondern bekommt die gewünschte große Welle.

WAS MIR BEI MEINEN HAAREN WICHTIG IST

Einen Lockenstab verwende ich eigentlich nie. Auch spezielle Styling-Produkte oder Extrahitzeschutz benutze ich nicht. Ich habe das Gefühl, dass sie meine Haare nur beschweren und die Pflege von meinen Haarkuren dann nicht mehr so tief in die Haarfasern eindringen kann. Da ich meine Haare nicht so oft und auch nicht zu heiß föhne, kann ich auf Hitzeschutz auch guten Gewissens verzichten.

Eigentlich trage ich meine langen Haare sehr gern offen. Aber manchmal, vor allem im Sommer, habe ich auch Lust auf einen seitlich geflochtenen Zopf. Das ist luftiger und sieht so schön romantisch aus. Und beim Sport binde ich mir immer einen praktischen Pferdeschwanz. Für die Zöpfe verwende ich kleinere Haargummis und für den Pferdeschwanz einen größeren, da ich recht dickes Haar habe. Bei allen lege ich großen Wert darauf, dass sie keinen Metallverschluss haben. Das macht die Haare kaputt, reißt einzelne Haare aus und verursacht Spliss – und das wollen wir nicht :)

◆ 175 ◆

STEP 1:

Für schöne, wellige Haare brauchst du natürlich einen Föhn, 2 mitteldicke und 2 dünne Rundbürsten und als Helfer 1 Haarclip. Wenn die warme (nie zu heiße!) Luft konzentriert aus dem Föhn herausströmt, kannst du noch besser arbeiten. Daher benutze ich immer eine schmale Düse als Aufsatz bei meinem Föhn.
Um die Haare nicht zu viel Hitze auszusetzen, lasse ich sie mindestens 20, lieber 30 Minuten nach dem Waschen an der Luft trocknen. Dann kann es losgehen.

STEP 2:

Ich föhne nie das ganze Haar, sondern arbeite immer in Schichten.
Mein Deckhaar binde ich zuerst mit dem Clip zu einem schnellen Dutt hoch. Die darunterliegenden offenen Haare teile ich dann in 4 Sektionen ein. Die beiden äußeren föhne ich mit den kleinen Rundbürsten, die 2 mittleren mit den großen. So sind die Wellen vorn präziser und hinten etwas lockerer. Und immer eine Sektion nach der anderen und immer vom Ansatz Richtung Spitzen föhnen.
Ich benutze beim Föhnen immer die höchste Stufe der Luftgeschwindigkeit und die mittlere Stufe der Temperatur. Die Düse zeigt dabei nach unten. Das versiegelt schuppige Haarfasern und lässt das Endergebnis geschmeidiger und glänzender aussehen.

STEP 3:

Wenn die Haarsträhne so gut wie trocken ist, schalte ich kurz auf die höchste Temperaturstufe (aber erst dann!). Ich rolle die Haarspitze um die Rundbürste und rolle die Bürste bis ganz zum Ansatz nach oben weiter. Dort lasse ich die Rundbürste einfach so hängen und mache den Schritt mit den 3 anderen Strähnen.

STEP 4:

Wenn du alle 4 Strähnen der untersten Haarschicht geföhnt und aufgerollt hast, sollte deine allererste Bürste bereits abgekühlt sein. Drehe sie langsam wieder nach unten auf und entferne die Rundbürste vorsichtig. Mach das Gleiche auch mit den anderen Bürsten.
Als Nächstes löse ich den Dutt und teile die 2. Schicht ab. Dann beginnt alles von vorn: 4 Strähnen, jede einzelne föhnen, aufrollen, auskühlen lassen.

STEP 5:

Ich komme grob gesagt mit 4 Schichten hin, das sind dann insgesamt 16 Strähnen. Wenn das ganze Haar geföhnt ist, kämme ich es mit den Fingern noch etwas durch und schüttle es einmal. So fallen die einzelnen Strähnen viel natürlicher.
Mein persönlicher Geheimtrick, damit die Locken lange halten: Die »Bananen-Frisur« – ohne sie würden sich meine schweren Haare nach spätestens 1 Stunde aushängen und die ganze Föhnarbeit wäre umsonst gewesen.
Willst du sehen, wie sie funktioniert? Dann bitte umblättern …

STEP 1:

Zugegeben, die Bananen-Frisur sieht nicht gerade umwerfend aus, fast schon altbacken, aber sie erfüllt ihren Zweck. Und der lautet: so lange wie möglich wellige Haare. Ich trage diese Frisur ständig – direkt nach dem Föhnen, wenn ich zu Hause sitze und arbeite, im Auto und vor allem nachts. Also bestimmt die Hälfte des Tages. Dieser Trick hat nämlich einen super Effekt bei den Haaren. Er hindert die Locken daran, sich auszuhängen, bringt sie immer wieder zurück in ihre Form und schützt die Haare auf Dauer vor dem Abbrechen, weil sie in der Frisur geschützt liegen.

STEP 2:

Für meine »Banane« nehme ich alle Haare im Nacken zusammen, so wie bei einem tiefen Pferdeschwanz. Einen Gummi brauchst du allerdings nicht. Halte den Zopf einfach mit der rechten Hand fest.

Jetzt drehst du den Pferdeschwanz um den Zeigefinger der linken Hand. Immer weiterzwirbeln und nach schräg oben ziehen, bis der Zopf bis in die Spitzen eingedreht ist.

STEP 3:

Wenn deine Haare vom Ansatz bis in die Spitzen fest eingedreht sind, befestigst du die »Banane« einfach mit einem Haarclip oder einer Spange am Oberkopf.
Die Frisur muss ziemlich fest sitzen. Wackle mal etwas mit deinem Kopf hin und her, um das zu testen. Wenn du nämlich diese trickreiche Frisur über Nacht tragen willst, sollten sich die Haare nicht schon nach 10 Minuten lösen.

STEP 4:

Wenn du am Morgen (oder kurz bevor du das Haus verlässt) den Haarclip wieder entfernst, wirst du sehen, welch Wunder diese Bananen-Frisur vollbringen kann.
Die Locken sind fast noch perfekt in Form. Jetzt einfach noch schnell die einzelnen Strähnen mit den Fingern drehen und etwas definieren – und jetzt sieht alles so aus, wie es sollte.
Mit diesem Trick hält meine Lockenpracht locker 3 bis 4 Tage. Und dann wasche und föhne ich meine Haare ja sowieso wieder.

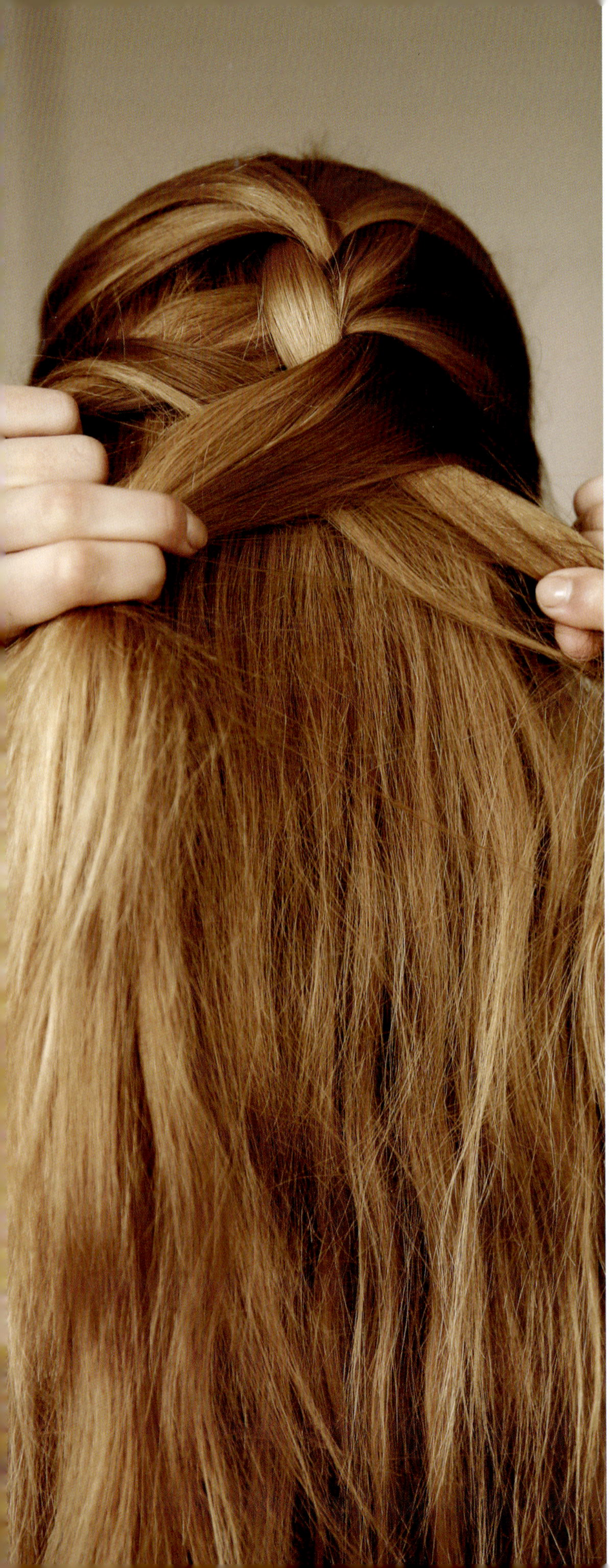
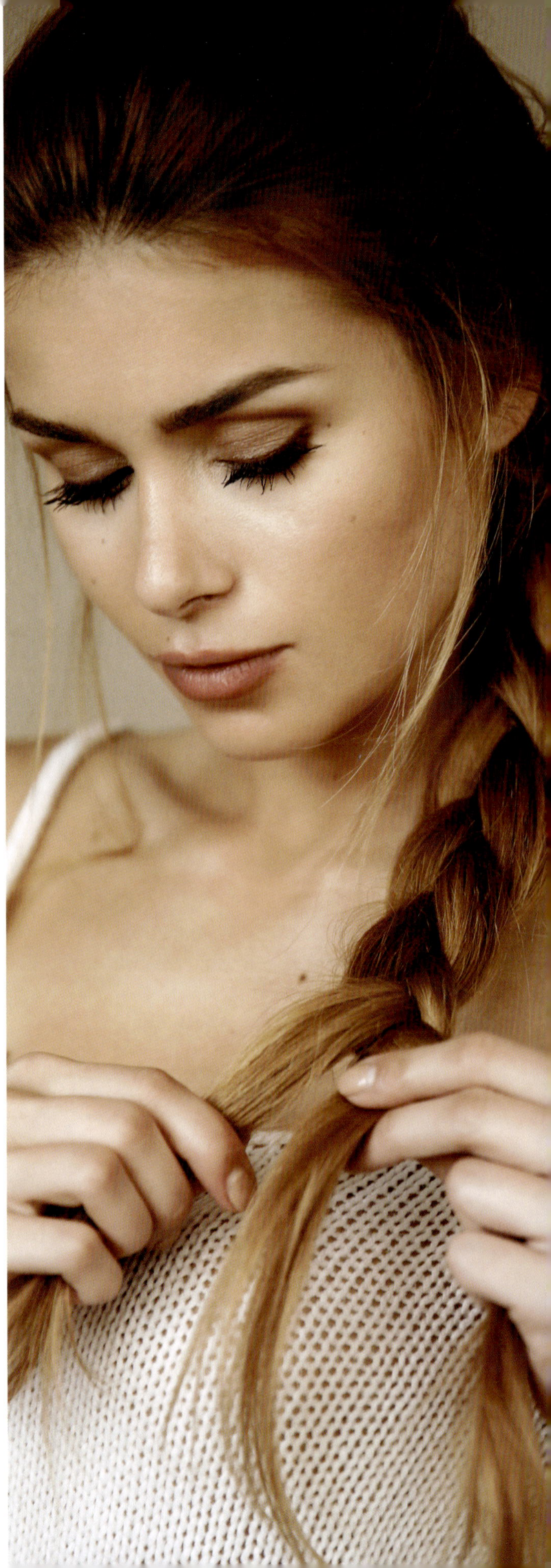

FLECHTFRISUREN

TIPP: Flechtfrisuren eignen sich besonders gut für Bad Hair Days – oder wenn die Zeit fürs Haarewaschen fehlt. Das Gute: Ungewaschene Haare sind besonders griffig!

MUST-HAVE: DER FRANZÖSISCHE ZOPF

Auch wenn ich sehr häufig offene Haare trage, liebe ich Flechtfrisuren! Sie sind praktisch und sehen einfach toll aus. Mein Favorit ist der französische Zopf! Dieser Zopf wird locker vom Hinterkopf bis in die Haarspitzen geflochten. Dafür musst du deine Haare gut durchkämmen. Dann nimmst du das obere Haar, teilst es in 3 gleich dicke Stränge und beginnst zu flechten. Das machst du, indem du den rechten Strang über den mittleren Strang legst, sodass der rechte Strang in der Mitte liegt. Jetzt legst du den linken Strang über den mittleren Strang, sodass dieser in der Mitte liegt.

Wichtig ist, dass du mit nicht zu dicken Strängen beginnst: Während des Flechtens nimmst du nämlich zu den äußeren Strängen jeweils seitlich ein wenig Haar vom restlichen Haar dazu und flechtest dieses mit ein. Wenn du am Nacken angekommen bist, solltest du alle Haarsträhne seitlich eingearbeitet haben. Ab da kannst du den Zopf ganz normal weiterflechten. Den Zopf mit einem Haargummi fixieren.

Ich lockere das Ganze immer noch ein wenig auf, indem ich um mein Gesicht ein paar Strähnchen aus dem Zopf herausziehe. Für etwas Extravolumen kommt einfach an den Haaransatz ein wenig Volumenpuder oder Trockenshampoo!

EINE SCHÖNE VARIANTE: DER HOLLÄNDISCHE ZOPF

Dem französischen Zopf ähnelt der holländische Zopf. Dabei werden die Strähnen aber nicht auf den Zopf, sondern unter den Zopf gelegt. Das ist nicht ganz einfach – aber es lohnt sich!

HOW TO BE A FASHIONISTA: BOXER BRAIDS

Die holländische Flechttechnik bietet außerdem die Grundlage für Boxer Braids. Boxer Braids sind nicht nur total trendy, sondern superpraktisch beim Sport, denn so geflochten können die Haare nicht stören. Das Wichtigste bei den Boxer Braids ist ein perfekt gezogener Mittelscheitel bis in den Nacken. Während du auf einer Seite beginnst, kannst du die andere Seite mit einem Haargummi fixieren. Du teilst deine Haare möglichst nah am Haaransatz in 3 Stränge und beginnst, einen Strang nach dem anderen unter den Zopf zu legen. Die perfekten Boxer Braids werden sehr streng und dicht an der Kopfhaut geflochten. Auch hierbei nimmst du wieder Haare seitlich hinzu und flechtest diese mit ein.

Es erfordert ein wenig Übung, dass beide Zöpfe gleichmäßig über den Hinterkopf verlaufen. Wenn du alle Haarsträhne seitlich eingearbeitet hast, flechtest du normal weiter und fixierst die Zöpfe mit einem Haargummi.

About Life

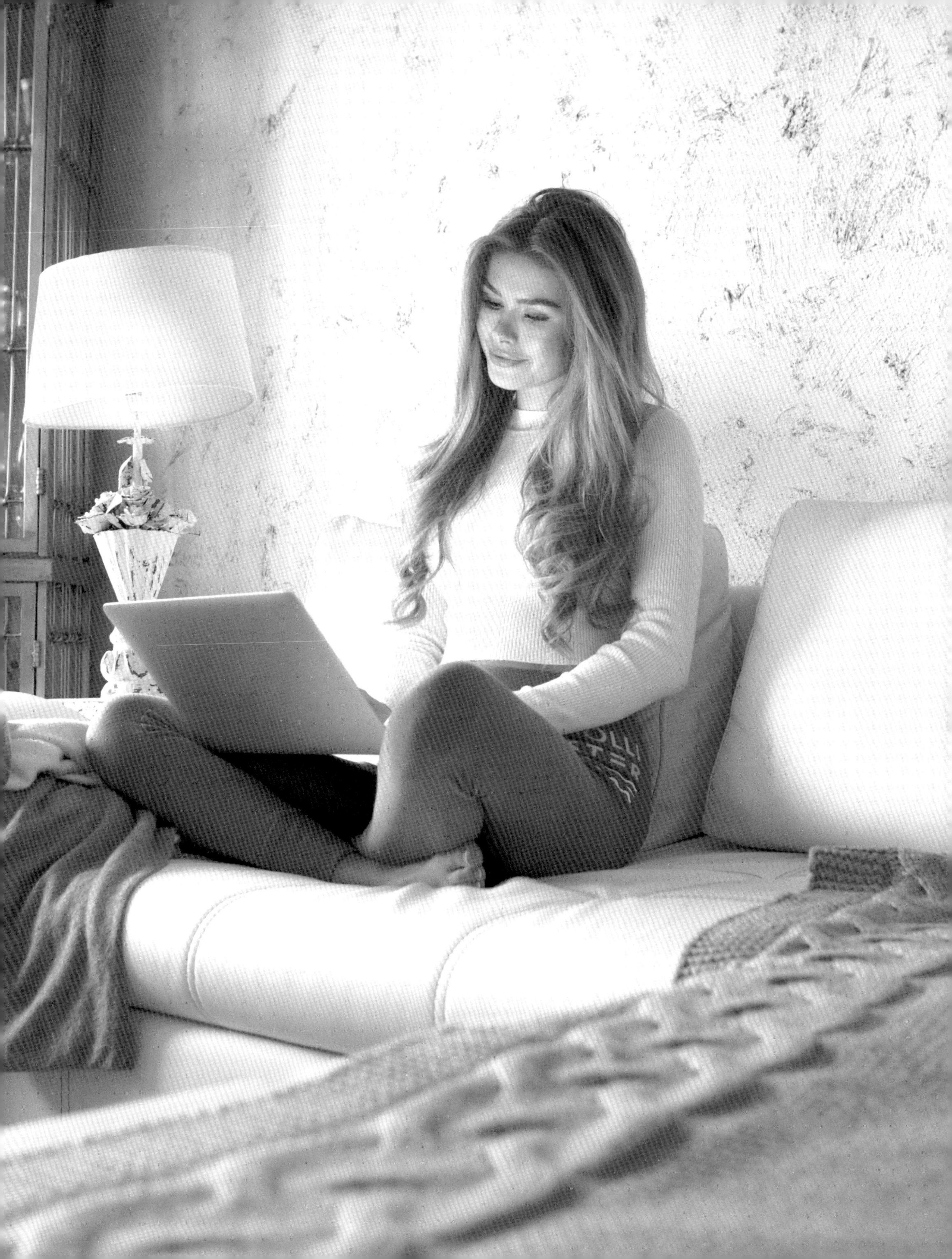

Vom Hobby zum Beruf

—

»LEIDENSCHAFTEN UND STÄRKEN VERBINDEN«

ES IST ÜBERWÄLTIGEND, WIE SICH DIE LETZTEN JAHRE FÜR MICH ENTWICKELT HABEN.

Ich habe Unterschiedliches ausprobiert und dabei erkannt, welche Möglichkeiten sich mir boten. Wichtig war mir, mich bei allem wohlzufühlen und authentisch zu bleiben. Ich bin sehr, sehr glücklich mit dem Leben, das ich jetzt führen darf. Ohne soziale Netzwerke sähe mein Leben heute bestimmt ganz anders aus …

Es war mein größter Traum, Model zu werden, obwohl ich viel zu klein für ein typisches Model bin. Mein Leben als Social-Media-Persönlichkeit ist die perfekte Lösung für mich, da es alles vereint, was mir am Herzen liegt: Modeln, Fashion, Beauty, Fitness und Reisen. Du solltest deine Träume leben – egal, wie unrealistisch sie zunächst erscheinen. Setze dir kleine Ziele und du wirst dich selbst überraschen!

LIVE YOUR DREAM.

Instagram Story

BE THE HERO OF YOUR OWN STORY.

In meiner Schule war jeder bei Facebook angemeldet und auch ich bin superviel auf Facebook unterwegs gewesen. Die sozialen Netzwerke waren damals noch so neu. Trotzdem war mir beim Hochladen von Bildern schon damals bewusst, dass das Internet nicht vergisst.

WIE ALLES BEGANN

Mit 16 habe ich das erste Mal von Instagram gehört und natürlich wollte ich als begeisterte Hobbyfotografin sofort ausprobieren, was diese Foto-und-Video-Sharing-App kann. Als ich die ersten Bilder gepostet habe, war mir gar nicht so wichtig, ob ich Follower dazugewinne. Die ersten Bilder waren vor allem an meine Freunde und Familie gerichtet. Auch meine Eltern meldeten sich an und gehörten zu meinen ersten Followern! Sogar meine Oma ist schon seit Jahren bei Instagram: Sie wollte von mir lernen, wie Instagram funktioniert, und liked seitdem jedes meiner Fotos. ♡

Meine ersten Fotos waren Spiegelbilder und Fitness-Selfies. Es war damals supercool, die Fotos farblich viel zu stark zu bearbeiten, mit Lichteffekten zu versehen und in Collagen zu verarbeiten. Ich muss mittlerweile echt schmunzeln, wenn ich meine ersten Posts anschaue! Aber die Fotos gehören eben auch zu meiner Instagram-Story und deswegen sind die meisten auch noch online. Am Anfang habe ich viel experimentiert und auch mit vielen Hashtags bearbeitet. Hashtags sind ja für die Kategorisierung der Bilder sehr wichtig. Zum Beispiel werden unter dem Hashtag #fitness alle Bilder erscheinen, die mit diesem Hashtag versehen worden sind. Wenn also jemand gezielt nach einem Hashtag sucht, den du verwendet hast, wird er irgendwann in der Menge auf dein Bild stoßen.

Ich habe niemals eine Ahnung davon gehabt, wie viele Leute sich für meine Fotos interessieren würden. Nie habe ich mir eine bestimmte Follower-Zahlen als Ziel gesetzt, ich war froh über jeden Einzelnen! Aber die Benchmark 11.000 Follower war wirklich etwas Besonderes, da ich dann endlich ein »k« hinter der Zahl stehen hatte. Da wurde mir auf einmal klar, dass das inzwischen wirklich wahnsinnig viele Menschen sind!

SO WURDE ICH VON BERUF INSTAGRAMMERIN

Obwohl bis zu meinem Abitur die Follower-Zahlen kontinuierlich angestiegen sind, konnte ich mir aber noch gar nicht vorstellen, Instagram zu meinem Beruf zu machen. Ich habe mir natürlich die Frage gestellt, was ich mal studieren möchte. Ich liebe Mathematik, aber die Berufe Visagistin, Stylistin oder Managerin haben mich auch fasziniert. Mich sprechen einfach so viele Themen an, dass ich keinen passenden Studiengang finden konnte, der alle meine Interessen abdeckt.

Viele quälen sich durchs Studium und arbeiten in Berufen, die ihnen vielleicht gar nicht so gefallen. Aber ich finde, dass man genau den Weg gehen sollte, der einem Spaß macht. Denn auch damit kann man erfolgreich werden, selbst wenn dieser Weg nicht der Norm entspricht. In meiner freien Zeit nach dem Abitur intensivierte ich die Arbeit mit Instagram: Endlich hatte ich mehr Zeit, mich um meine Community zu kümmern und das Ganze professionell anzugehen. Gemeinsam mit meinem Management habe ich eine Business-Strategie entwickelt. Und ehe ich mich versah, ist aus Instagram mein Beruf geworden! Meine Eltern haben mich dabei zum Glück unterstützt und heute kann ich sagen, dass es die richtige Entscheidung war und ich den Weg wieder genauso gehen würde!

Mein Alltag

SOCIAL-MEDIA-PERSÖNLICHKEIT ALS BERUF

DON'T STOP UNTIL YOU'RE PROUD.

Ich werde sehr oft gefragt, wie man sich meinen Alltag vorstellen kann. Es ist mir bewusst, dass viele Personen sich wenig darunter vorstellen können. Und klar, bestimmt denken viele, ich würde nur schnell ein Foto posten – und das war's! So ist es natürlich nicht und deshalb möchte ich dir Einblicke in meinen Alltag geben.

DAS MACHT MEINEN ALLTAG AUS

Mit steigender Reichweite erhielt ich zunehmend immer mehr Kommentare, E-Mails und Kooperationsanfragen. Ich versuche, auf meinem Blog auf möglichst viele Kommentare einzugehen: Auf Instagram ist es leider oft zu unübersichtlich. Wenn du mir eine persönliche Nachricht schreiben möchtest, dann kommentiere gern auf meinem Blog. Ich erhalte so tolle Nachrichten und freue mich wirklich sehr darüber. Manchmal versinke ich stundenlang in den Kommentaren und kann mich gar nicht davon lösen! Ich fühle mich euch durch eure ganz persönlichen Geschichten und Erfahrungen sehr verbunden. Glücklicherweise gehen die ganzen E-Mails von Werbepartnern, die mit mir zusammenarbeiten möchten, inzwischen direkt an mein Management. Das entlastet mich sehr. Du musst dir vorstellen, dass viele Firmen sehr, sehr viele Social-Media-Persönlichkeiten anschreiben und teilweise auch mehrfach E-Mails schicken. Bei mir kommen zudem noch sehr viele Anfragen für Shootings hinzu.

Wie du weißt, verdiene ich genau damit meine Brötchen, aber ich lehne dennoch sehr viele Anfragen ab. Mir ist es einfach wichtig, dass die Kunden oder Produkte, die ich bewerbe, zu mir und meinen Followern passen. Jedes Produkt, das ich vorstelle, teste ich vorher ausgiebig. Kleidung, die chemisch riecht, würde ich zum Beispiel niemals präsentieren. Du kannst dir sicher sein, dass ich die Produkte auch wirklich selbst mag. Ich habe inzwischen schon mit ganz tollen Firmen zusammengearbeitet und bin auch sehr stolz darauf! Ich weiß es wirklich wertzuschätzen, dass solche Firmen mit mir Werbeverträge abschließen wollen.

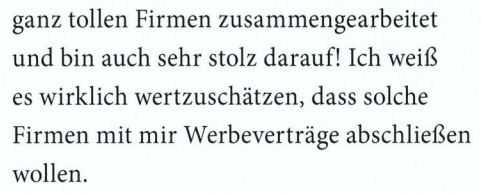

Natürlich hatte ich am Anfang gar keine Ahnung von derartigen Themen und die Masse an neuen Dingen, die man plötzlich lernen muss, kann einen auch mal überwältigen. Doch ich habe zum richtigen Zeitpunkt eine Agentur gefunden, die mich dabei unterstützt. Ich bin täglich im Austausch mit meinem Management und wir entwickeln gemeinsam ganz tolle Ideen und Projekte.

WIE SIEHT MEIN ALLTAG KONKRET AUS?

Morgens checke ich als Erstes meine E-Mails. Das Gute ist, dass ich dabei noch liegen bleiben kann und Zeit habe, wach zu werden. Ich bin oft bis 1 oder 2 Uhr nachts wach, denn abends kann ich mich am besten konzentrieren. Um diese Uhrzeit ist es so schön ruhig draußen und nichts und niemand kann einen ablenken. Vielleicht geht es dir ja auch so.

Und weil ich es eben so selten schaffe, früh schlafen zu gehen, bleibe ich morgens im Gegenzug gern etwas länger im Bett. Ich beantworte dann erst einmal die wichtigsten E-Mails und kläre kurz mit meiner Agentur ab, was an dem Tag die dringendsten Aufgaben sind. Meine geschäftlichen Termine habe ich im Kalender stehen und persönliche To-dos schreibe ich mir immer in einer App auf. Einmal aufgestanden, hoffe ich, dass ich noch genug zum Frühstücken dahabe. Nach dem Frühstück gehe ich einkaufen, am liebsten auf einem Markt oder im Biosupermarkt. Tagsüber shoote ich Bilder, schreibe Blogposts, plane Projekte oder gehe zu Interviews und Meetings. Ich versuche, in meinem Alltag immer ein wenig Routine einzuhalten, aber oft ist das einfach nicht möglich. Natürlich treffe ich mich auch mit Freunden, aber ich komme leider nicht so häufig dazu. Bei mir muss es mit dem Kochen oft schnell gehen, wie du auch an den Rezepten in diesem Buch siehst. Abends gehe ich ins Fitnessstudio und nehme mir danach meistens noch die Zeit für die Kommentare und checke noch einmal meine E-Mails. An regnerischen Tagen mache ich es mir gern dabei besonders gemütlich.

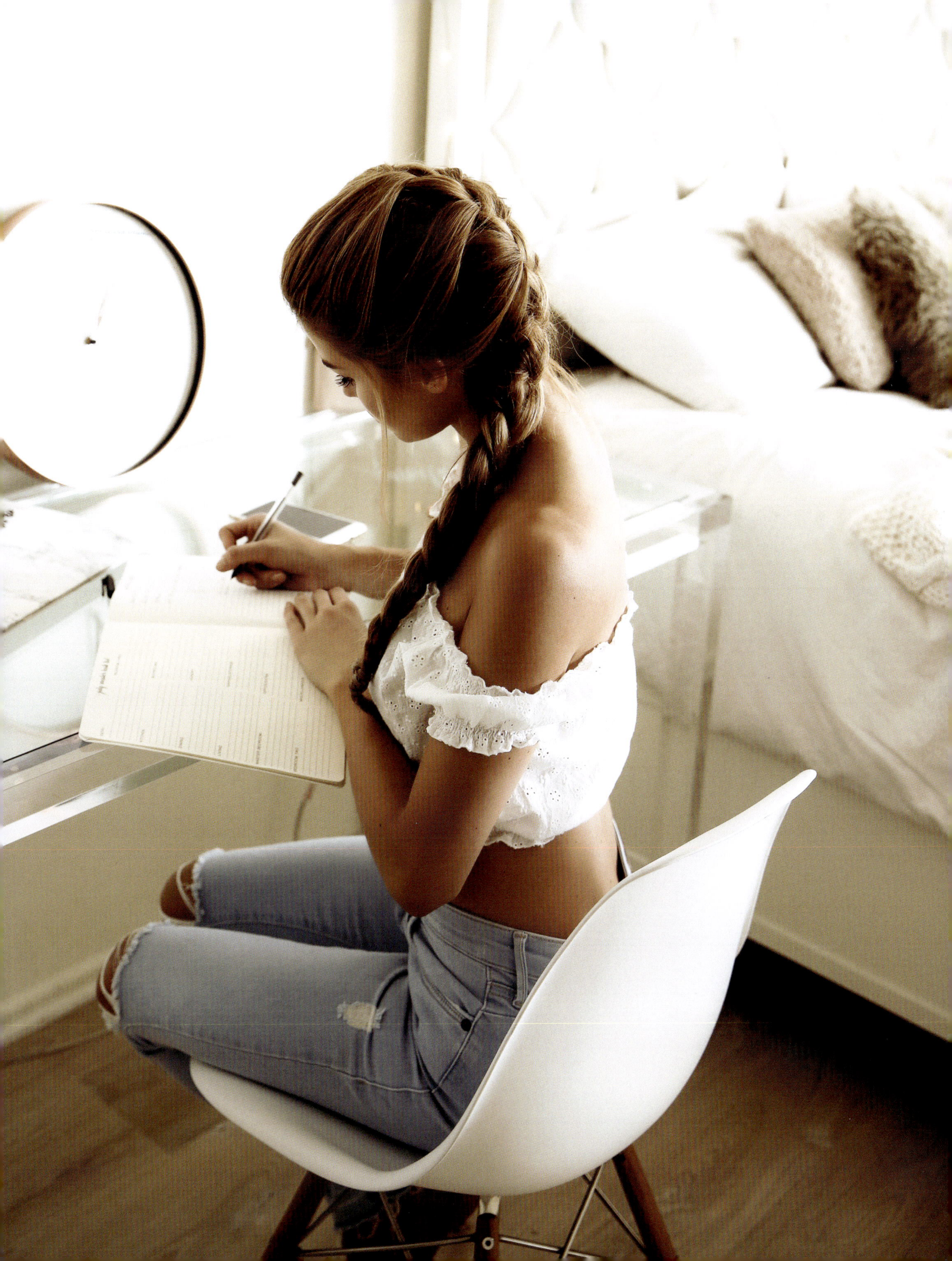

WAS ZU MEINEM ALLTAG DAZUGEHÖRT

Ich liebe es, von zu Hause aus zu arbeiten. Das ist für mich ein großer Luxus, denn ich weiß, dass das nicht der Normalität entspricht. Für Kooperationen mit Werbepartnern denke ich mir oft Konzepte aus und dabei bin ich in meinen eigenen 4 Wänden am kreativsten.

UND WENN ICH EINFACH MAL ABSCHALTEN MÖCHTE, SCHAUE ICH YOUTUBE-VIDEOS ODER LASSE MICH AUF INSTAGRAM INSPIRIEREN.

Du kannst dir gar nicht vorstellen, wie dann plötzlich die Zeit verfliegt. Ich muss zugeben, dass das Smartphone mein treuer Begleiter ist. Ich habe schon große Angst, mein Handy zu verlieren, da ich dort alle Termine und To-dos eintrage. Mit am wichtigsten sind meine Apps für E-Mails, für Notizen und To-dos. Diese Apps checke ich mehrmals am Tag, um immer das Wesentliche im Blick zu behalten. Für mein Workout habe ich auch Apps. Normalerweise gehe ich ja gar nicht laufen, aber manchmal habe ich Lust, ein wenig meine Fitness zu tracken. Dann aktiviere ich mal den Schrittzähler oder berechne den Kalorienverbrauch. Eine Zeit lang habe ich jede Mahlzeit in einer App protokolliert. Wenn du gerade anfängst, deine Ernährung umzustellen, kann ich dir das wirklich ans Herz legen. Damit erhöhst du das Bewusstsein für deine Mahlzeiten und

lernst einzuschätzen, wie viel du eigentlich am Tag essen solltest. Ich habe beispielsweise immer zu wenig gegessen und war mir dessen gar nicht bewusst!
Und mit Abstand das Wichtigste auf meinem Smartphone sind natürlich die Social-Media-Apps! Ich checke die Apps regelmäßig und zeige meiner Community mit kurzen Eindrücken auf Snapchat oder Instagram Stories, wo ich gerade bin!

Die meiste Arbeit erledige ich am Laptop, nur unterwegs nutze ich das Smartphone. Zum Glück habe ich viel Speicherplatz auf meinem Handy. Ich habe schon Massen an Fotos gesammelt – kein Wunder, denn ich schieße manchmal 50 und mehr Fotos, bis ich eins perfekt finde!

WHAT'S ON MY PHONE

1 MESSENGER: Sprachnachrichten sind für mich gar nicht mehr wegzudenken!

2 SOCIAL MEDIA: Instagram, Snapchat und die »About Pam«-App: meine Must-haves!

3 FOTOBEARBEITUNG: Da habe ich meine 2–3 Favoriten!

4 MAILS: Ich checke unterwegs ständig meine Mails!

5 NOTIZEN/TO-DOS: Organisation ist das halbe Lebe!

6 REISE: Ich habe meine Bahn- und Flugtickets immer auf dem Handy!

7 WORKOUT: Fitness darf natürlich nicht fehlen!

8 FOOD: In gewissen Phasen ist es gut, mit Trackern zu arbeiten!

9 INSPIRATIONEN: Pinterest steckt voller neuer Ideen!

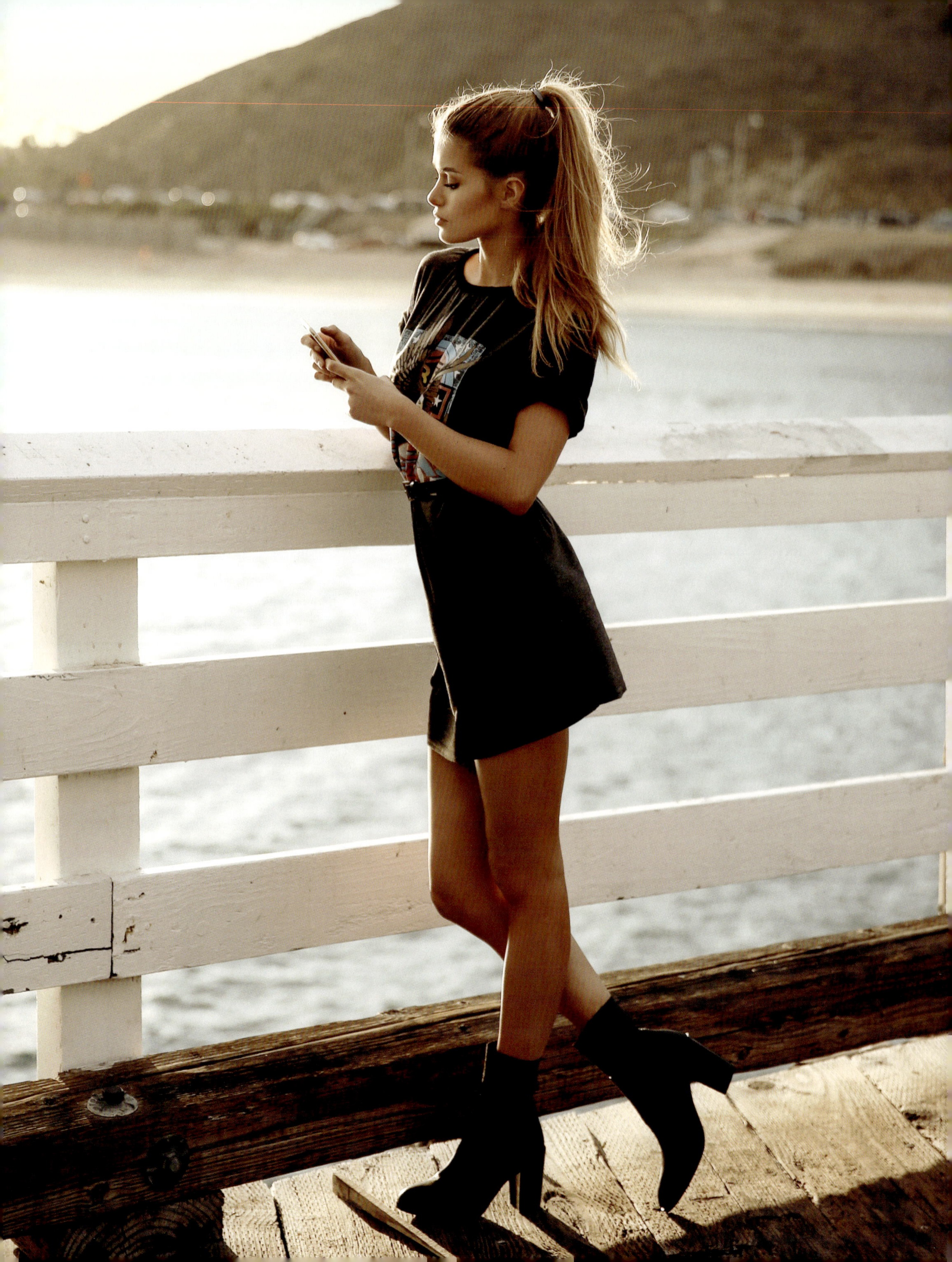

Vom Foto zum Post

SO GEHT'S!

Viele meiner Fotos schieße ich in alltäglichen Situationen mit meinem Handy. Wenn noch jemand dabei ist, der gerade ein Foto von mir machen kann, ist das natürlich umso besser!

OFT WIRD EIN SPONTANER SCHNAPPSCHUSS DANN ZU MEINEM LIEBLINGSBILD, OBWOHL ER ÜBERHAUPT NICHT PERFEKT INSZENIERT WAR.

In solchen Fällen bearbeite ich das Foto nur kurz farblich an meinem Handy und könnte es direkt posten. Teilweise plane ich aber auch, welches Foto wann online gehen soll, damit mein Feed auch abwechslungsreich bleibt. Wichtig finde ich auch, dass es neben jedem Bild auch eine Aussage gibt. Meine Bildunterschriften und Hashtags halte ich kurz und prägnant. Ich selbst lese aber auch gern etwas längere Texte. Allerdings sind zu lange Texte auf Instagram manchmal echt anstrengend zu lesen – da ist mein Blog einfach perfekt, wenn ich mich mit meinen Gedanken, Tipps und Tricks austoben möchte. Mittlerweile ist es für mein Instagram-Profil sehr wichtig, qualitativ hochwertige Bilder zu schießen. Wenn man weiß, wie, kann man auch mit dem Handy einen schnellen, authentischen Look erzielen. Nur circa 20 % meiner Bilder sind mit der Spiegelreflexkamera gemacht. Vor allem mein Bruder unterstützt mich bei Fotoshootings sehr. Ich bin immer wieder überrascht, wie geduldig er mit mir ist! Mein Papa war früher auch mal Fotograf: Wahrscheinlich hat unsere ganze Familie daher ein Faible für ästhetische Fotos.

Eine Selbstauslöser-App hat mir den Beginn meiner Instagram-Zeit sehr erleichtert: Einfach die Kamera mit dieser App verbinden und so eigenständig Fotos schießen! Das war superpraktisch, wenn ich zu Hause ein gutes Bild von mir machen wollte und keine Hilfe hatte.

DAS RICHTIGE POSING

Bei einem Ganzkörperfoto wirkt man viel größer und graziöser, wenn man von unten fotografiert wird. Ich stehe dabei aufrecht – aber natürlich nicht zu starr. Diese Haltung sieht stark und selbstbewusst aus. Gern bewege ich mich, während Fotos von mir gemacht werden: einfach langsam auf den Fotografen zulaufen, sich umdrehen, zurückschauen, in die Haare fassen und mal lachen. In Bewegung sehen die Bilder meist am natürlichsten aus.

Wenn man die weiblichen Rundungen und den Po betonen will, sieht es auch superschön aus, wenn man das Gewicht auf ein Bein verlagert und das andere Bein ein wenig einknickt. Diese Pose kennst du ja garantiert schon von meinen Bildern!

UNVORTEILHAFTE POSE

VORTEILHAFTE POSE

DAS PERFEKTE SELFIE

Auch bei meinen Selfies achte ich immer darauf, dass sie leicht von unten oder parallel fotografiert sind.

Aber Achtung: Bitte nicht zu weit von unten, es herrscht Doppelkinngefahr! Außerdem ist tatsächlich der Winkel, aus dem du dich fotografierst, sehr wichtig. Du erinnerst dich bestimmt noch an die ersten Selfies, die wir alle als Teenager gemacht haben, oder? Ich denke da speziell an die von oben fotografierten Bilder. Ich habe auch einige solcher Fotos mit Freundinnen und die sehen ausnahmslos unvorteilhaft aus. Daher: Auch Selfies entweder parallel oder etwas von unten fotografieren. Und am besten ohne langen Arm auf den Fotos. Ich weiß, ein Selfie bedeutet doppelt Arbeit: Das Posing und das Fotografieren sind gleichzeitig zu meistern. Bei einem Selfie halte ich das Smartphone etwa auf Brusthöhe, sodass mein Oberkörper zum Teil zu sehen ist. Versuche, deinen Kopf etwas seitlich zu drehen und deine persönliche Schokoseite zu finden.

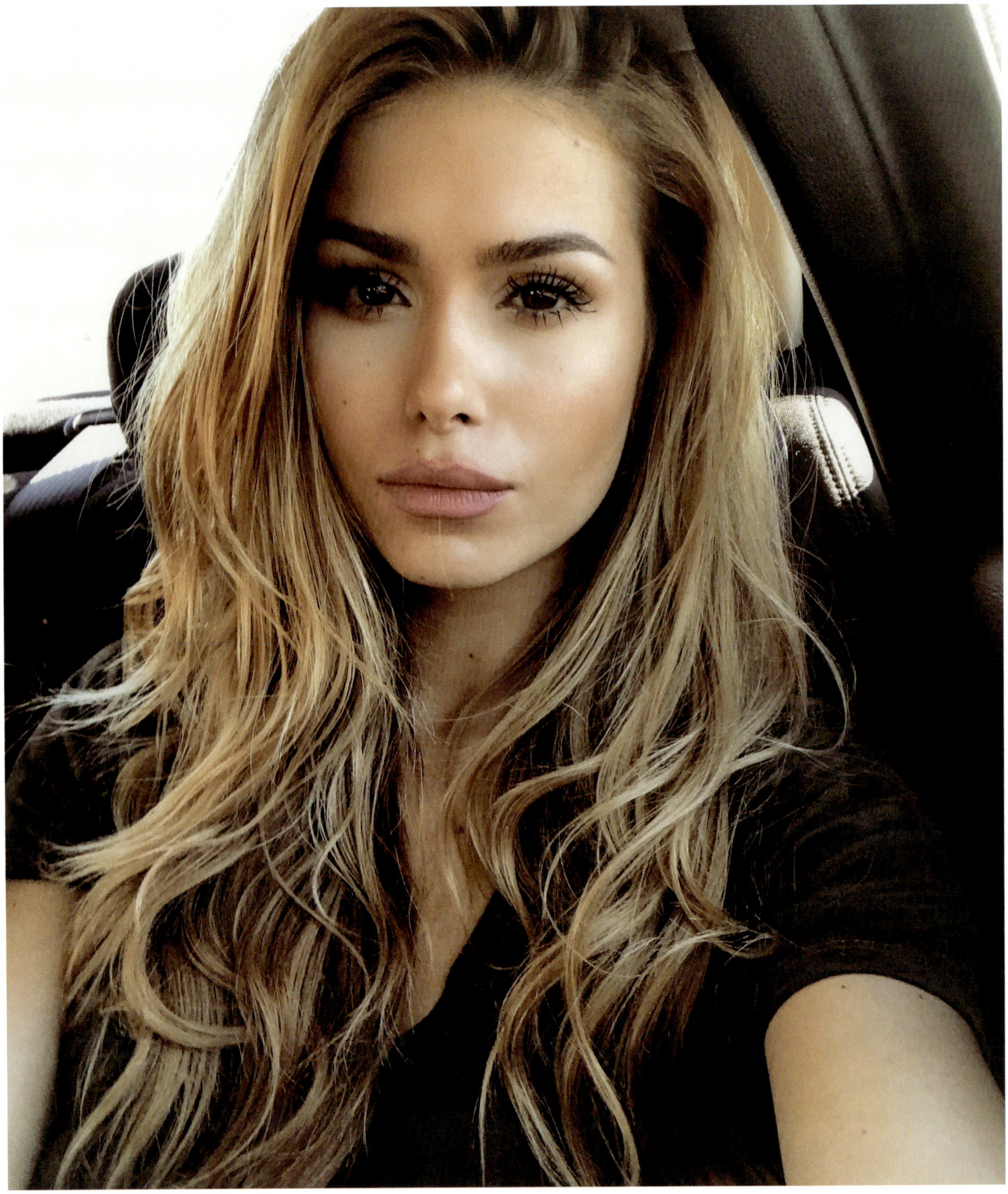

BILDBEARBEITUNG

Bei guten Lichtverhältnissen reicht für viele Fotos eine kurze Bearbeitung am Smartphone. Ich nutze dafür einfachheitshalber meistens dieselben Apps und auch dieselben Filter. An den wiederkehrenden Farbakzenten meiner Fotos erkennst du vielleicht, welche Farben mir am besten gefallen. Pastellige Töne mag ich zum Beispiel viel lieber als sehr knallige. Ich finde, sie wirken so schön harmonisch und feminin. Ich persönlich mag aber auch Fotos in Schwarz-Weiß. Schwarz-Weiß passt definitiv nicht zu allen Fotos, aber einige sehen in Schwarz-Weiß viel edler aus und man kann supergut mit dem Kontrast spielen.

Die meisten Bildbearbeitungs-Apps funktionieren ähnlich: Deshalb ist es nicht so wichtig, welche App du benutzt. Mit der Zeit bekommst du ein Auge dafür, welche Filter das Foto wie verändern und wie die Intensität der Bearbeitung am besten reguliert wird.

ICH VERSUCHE, ALLE BILDER BEI TAGESLICHT ZU SCHIESSEN, WEIL SIE SO AM NATÜRLICHSTEN AUSSEHEN UND ICH SOMIT EINE PERFEKTE GRUNDLAGE FÜR DIE NACHBEARBEITUNG HABE.

Mit dem Handy fotografiere ich dabei am liebsten im Schatten, da die Sonne starke Schlagschatten werfen kann und die Handykamera da schnell an ihre Grenzen kommt. Mit einer Spiegelreflexkamera wirkt jedoch dagegen auch Gegenlicht sehr feminin und weich. Wenn du Geld investieren möchtest, sind Softboxen oder Ringlichter eine gute Alternative zu Tageslicht. Die richtigen Filter können natürlich viel Arbeit erleichtern, verschiedene Farbstimmungen erzeugen und ein bereits hübsches Foto noch schöner machen. Übrigens nutze ich oft auch 2 Filter gleichzeitig, die sich gut ergänzen. Du kannst allerdings sehr gut, statt Filter zu nutzen, auch individuell mit den Einstellungen spielen. So baust du dir quasi deinen eigenen Filter. Die wichtigsten Einstellungen sind Helligkeit und Kontrast, Tiefen und Lichter, Schärfe, Sättigung sowie Schatten- und Höhenfarben, die man noch einmal separat einfärben kann. Manchmal sind mir die Fotos viel zu hell und ich finde, dass ich darauf ziemlich blass aussehe. In solchen Fällen dunkle ich die Fotos ein wenig ab und erhöhe die Sättigung. Das kannst du am einfachsten bei den Helligkeits- und Kontrasteinstellungen machen. Allerdings erzielst du ein viel feineres Ergebnis, wenn du die Tiefen und Lichter deines Fotos regulierst. So machst du also nicht das ganze Foto dunkler, sondern nur die Stellen im Bild, die sich im Schatten befinden. Die Schärfeeinstellung ist ganz praktisch, wenn du die Konturen im Bild klarer erscheinen lassen möchtest. Aber Achtung: Hier am besten nicht übertreiben, denn das Foto kann dadurch schnell körnig wirken.

Zuletzt passe ich die Farbe der Schatten und Höhen an. Die dunkleren Bereiche des Bildes färbe ich gern ein wenig lila und die Höhen manchmal etwas blau oder gelb, je nach Bild und Stimmung. Es gibt dafür keine einheitliche Formel, die für jedes Foto passend ist.

Wenn ich meine Selfies bearbeite, nutze ich oft meine Lieblingsfilter, die das Bild ein wenig wärmer machen und die Schatten abdunkeln. Ich finde es gerade bei Selfies superwichtig, dass das Gesicht im Fokus steht, und dafür muss das Licht frontal einfallen. Also: Das Licht macht's!

UNBEARBEITET

BEARBEITET

UNBEARBEITET

BEARBEITET

NICHT VERGESSEN!

Neben der richtigen Pose, den Lichtverhältnissen und der Bearbeitung gibt es noch einen wichtigen Punkt für schöne Fotos: den Hintergrund! Du würdest dich ja nicht in deinem unaufgeräumten Zimmer oder vor der Toilette fotografieren, oder? Man glaubt es kaum, aber solche Bilder gibt es haufenweise im Internet.

DER HINTERGRUND SPIELT FÜR EIN SCHÖNES FOTO EINE SEHR GROSSE ROLLE.

Bei Outfit-Postings wähle ich meist einen neutralen Hintergrund, beispielsweise eine schöne Wand oder Haustür. So ist die Aufmerksamkeit nur auf das Outfit und nicht auf die Umgebung gerichtet. Dabei achte ich besonders darauf, dass mein Outfit farblich mit dem Hintergrund harmoniert.

Du hast bestimmt auch schon einmal gesehen, dass der Hintergrund bei manchen Bildern unscharf ist. Das ist absichtlich so und gefällt mir auch sehr gut, aber leider muss man dafür immer eine professionelle Kamera mit der richtigen Linse dabeihaben. In Photoshop oder anderen Bearbeitungsprogrammen lassen sich Hintergründe auch im Nachhinein unscharf machen, aber das ist wirklich sehr aufwendig und sieht am Ende oft nicht so toll aus wie erhofft.

WAS MIR BEI FOTOS WICHTIG IST

Du brauchst aber definitiv keine teure Spiegelreflexkamera, um ein perfektes Foto zu machen. Bei mir kommen sogar mit dem Handy aufgenommene Bilder besser an, einfach weil sie authentischer wirken. Achte beim Fotografieren auf die Punkte, die sich später nicht so leicht verbessern lassen. Du hast gesehen, dass ich meine Bilder zwar farblich bearbeite, aber keine großen Schönheitskorrekturen vornehme.

DAS ABDECKEN VON HAUTUNREINHEITEN UND AUGENRINGEN ODER DAS AUFHELLEN DER ZÄHNE MIT BEAUTY-APPS KANN MAL NÜTZLICH SEIN, SOLLTE ABER NICHT ZUR REGEL WERDEN.

Es ist beeindruckend, dass manche Apps sogar die Gesichtskonturen, die Augenfarbe oder das Make-up verändern können – aber für meine Fotos nutze ich das nicht.

Mir ist es eben sehr wichtig, dass meine Bilder authentisch bleiben und meine Follower mich auch im echten Leben wiedererkennen. Mir gefallen selbst spontane und »natürlich« schöne Fotos am allerbesten.

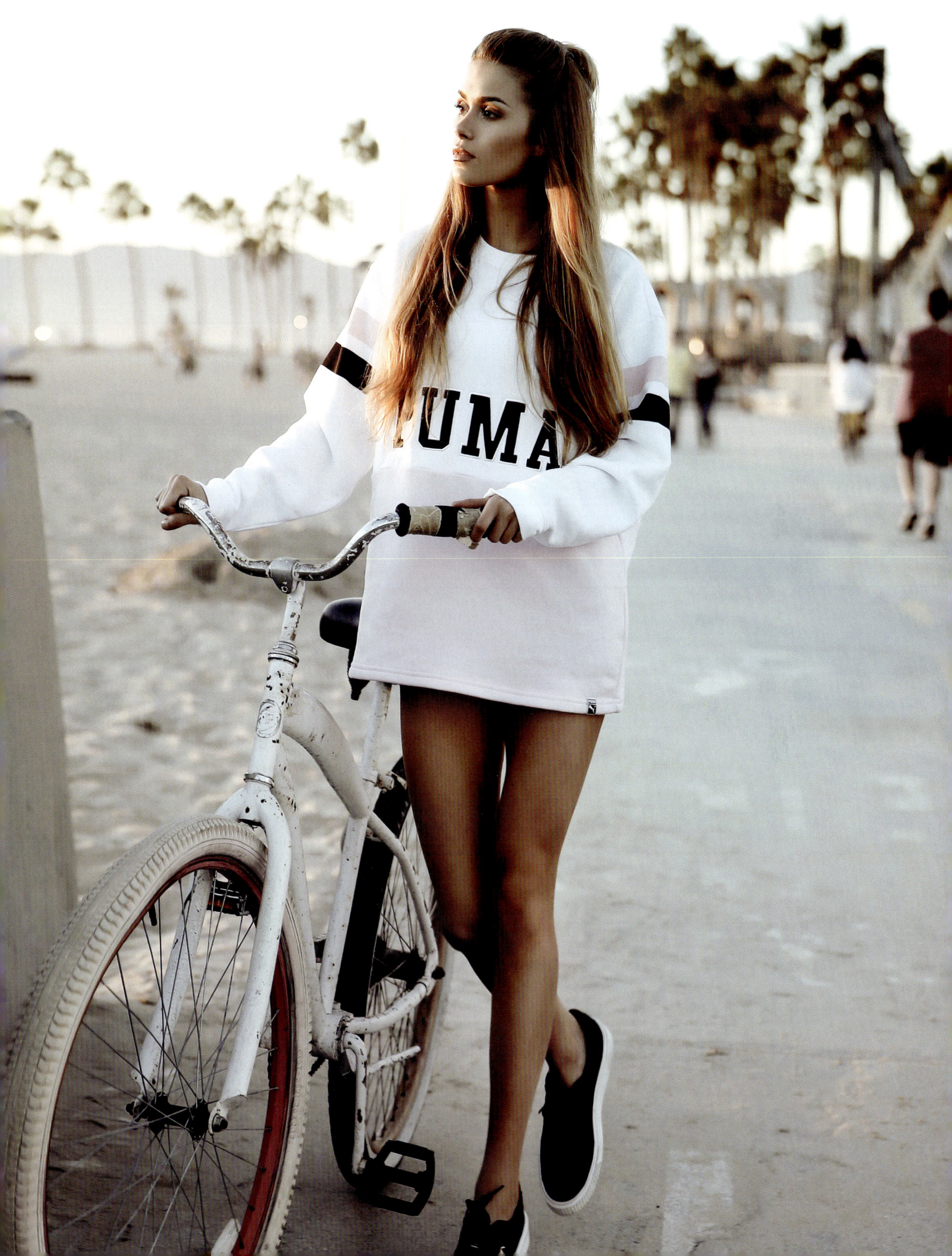
UMA

Wanderlust

TRAVEL

GO WHERE YOU FEEL THE MOST ALIVE.

Fremde Kulturen und das Reisen haben mich schon immer fasziniert. Ich bin sehr dankbar, dass meine Eltern mir früh zeigten, wie wertvoll es ist, die Welt zu erkunden und dabei unterschiedlichen Menschen zu begegnen und andere Traditionen und Lebensumstände kennenzulernen. Wir sind ja bereits damals, als mein Bruder und ich klein waren, sehr viel rumgekommen.

RUND UM DEN GLOBUS

Mittlerweile reise ich hauptsächlich beruflich, da ich beispielsweise zu Events eingeladen werde oder Shootings an besonderen Orten habe. Ich genieße den Luxus, von überall arbeiten zu können. Manchmal habe ich auch zwischen den Reisen höchstens 1 Tag Zeit, kurz zu Hause vorbeizuschauen und meine Koffer neu zu packen: Das kann schon etwas stressig sein. Auch mein Vorsatz, 8 Stunden am Tag zu schlafen, haut deshalb nicht immer ganz hin, aber ich würde diesen Lifestyle auch niemals aufgeben wollen.

Für mich ist es immer wieder total aufregend, neue Länder und Städte kennenzulernen. Ich liebe es, durch eine Stadt zu laufen und unverhofft auf kleine Boutiquen, Cafés und Restaurants zu stoßen. Leider bleibt mir dafür auf Geschäftsreisen momentan nicht so viel Zeit, aber ich versuche trotzdem, immer alle Eindrücke mitzunehmen und so viele Bilder wie möglich zu machen. Und Gott sei Dank machen mir die Zeitverschiebungen nichts aus: Einen richtigen Jetlag hatte ich noch nie. Mein Rhythmus ist eher »schlafen – wach sein – schlafen – wach sein« und nicht unbedingt an Uhr- oder Tageszeiten gebunden. Das klingt vielleicht auf den ersten Blick etwas ungesund, aber effektiv ist das gesünder, als immer von einem Jetlag geplagt zu sein und mit den Zeitzonen zu kämpfen.

MEINE FAVORITEN FÜR STÄDTETRIPS

Also, eine meiner Lieblingsstädte ist definitiv New York. Ich habe schon immer davon geträumt, dorthin zu reisen, und ich war bei meinem ersten Besuch so überwältigt von der Stadt. Ich kenne keinen anderen Ort, an dem es so viel zu entdecken gibt und wo die Menschen so energiegeladen, produktiv und freundlich sind. Von den tollen Gebäuden ganz zu schweigen.

Neben New York steht Los Angeles ganz weit oben bei meinen Favoriten. In der Stadt der Engel faszinieren mich die architektonisch markanten Gebäude, die sagenumwobenen Boulevards und die eindrucksvollen Leuchtreklamen, aber auch ihre unvorstellbare Größe und ihre Vielfalt. Ich könnte mir sogar vorstellen, eine Zeit lang in einer der beiden Städte zu leben.

Für einen kurzen Städtetrip in Europa liebe ich Paris. Gibt es jemanden auf der Welt, der sich nicht in Paris verliebt hat? Ich glaube kaum. Die Architektur ist einfach so wunderschön. In Paris kann ich mich auch bei Süßigkeiten kaum zurückhalten: Eine Schoko-Crêpe pro Parisreise muss einfach sein. Und Paris ist selbst bei Nacht traumhaft schön und toll beleuchtet. Nachts blinkt der Eiffelturm sogar zu jeder vollen Stunde und man kann auch im Dunkeln auf ihn steigen. Richtig romantisch!

URLAUBSZEIT IST FÜR MICH FAMILIENZEIT

Wenn ich nicht geschäftlich unterwegs bin, liebe ich es, mit meiner Familie Urlaub zu machen. Vor allem mit meiner Mutter fliege ich gern ans Meer, um bei einem Mama-Tochter-Urlaub abschalten zu können. Leider ist es für mich nicht so leicht, mich von der Arbeit zu lösen. Ich habe keine Urlaubsvertretung wie jemand, der einen »normalen« Job hat. Auch im Urlaub warten Mails und Telefonate auf mich und meinen Instagram-Account möchte ich ja auch nicht einfach für eine Woche stilllegen. Trotzdem versuche ich, das Smartphone beiseitezulegen und lieber zu einem Buch zu greifen. Wenn ich etwas gelernt habe in den letzten 2 Jahren, dann ist es Folgendes: Es ist absolut notwendig, sich ab und an eine Auszeit zu gönnen. Bei mir klappt das am besten, wenn diese Auszeit mit einem Familienurlaub am anderen Ende der Welt verbunden ist. So habe ich am meisten das Gefühl, dass ich mich einfach zurücklehnen und loslassen kann.

Das Einzige, worauf ich im Urlaub nicht verzichten kann, sind schöne Fotoshootings, da es einfach atemberaubende Locations gibt. Mir macht das sehr viel Spaß und deshalb poste ich gerade im Urlaub besonders viele Bilder. Am Strand döse ich gern stundenlang vor mich hin. Ich liebe die Geräusche vom Meer, sie geben mir so viel Ruhe … dabei schlafe ich sofort ein. Zu meinen Lieblingsstrandstädten zählt auf jeden Fall Ibiza-Stadt. Das ist immer wieder aufs Neue ein wirklich tolles Reiseziel. Leider geht Urlaub immer viel zu schnell vorbei. Zum Glück fliegen meine Mutter und ich aber jedes Jahr ein paar Tage zusammen in den Urlaub, wie zuletzt nach Ägypten. Das Schöne ist ja, dass es immer irgendwo auf der Welt warm ist, wenn es hier in Europa bitterkalt ist. Auch in unseren Wintermonaten ist es in Ägypten schön warm und das Klima nicht so feucht. Aber auch Griechenland hat so wunderschöne kleine Orte, die perfekt für ein paar schöne Tage sind.

MALERISCHE SANDSTRÄNDE, SO WEIT DAS AUGE REICHT

Die schönsten Strände habe ich auf den Malediven und Seychellen entdeckt. Die Malediven sind einfach umwerfend – ich finde gar keine Worte dafür. Meine Fotos von den Malediven sehen so surreal aus, obwohl daran gar nichts bearbeitet ist. So viele Fotos habe ich wohl noch an keinem anderen Ort gemacht. Das türkisfarbene Wasser, der helle Sand, die Delfine … und so viel Ruhe – es ist einfach ein Paradies. Jedes Mal, wenn ich mir meine Urlaubsfotos von den Malediven ansehe, habe ich den Eindruck, wieder in diese ferne Welt einzutauchen. Anders als in Ägypten ist das Klima aber hier ziemlich feucht, womit meine Haut und Haare sehr zu kämpfen hatten :) Ich kann es trotzdem kaum erwarten, noch einmal auf die Malediven zu reisen. Die Inseln könnte ich mir übrigens auch sehr gut für meine Flitterwochen vorstellen. Wer weiß!

What's in my bag?

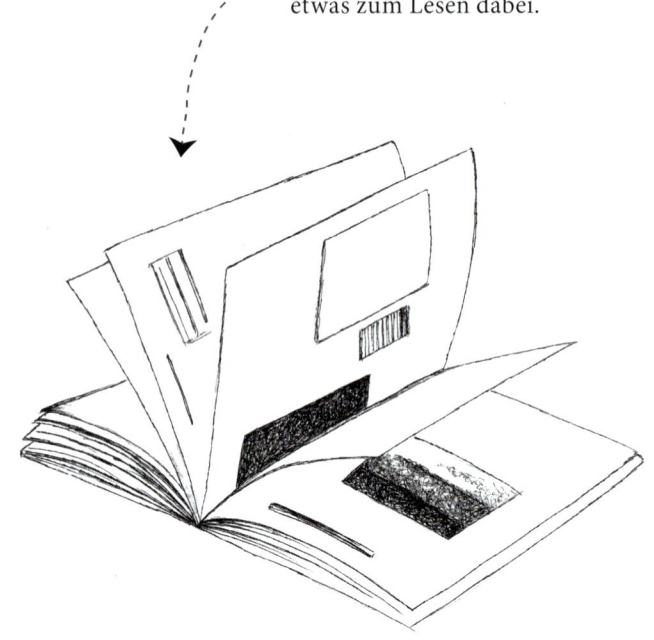

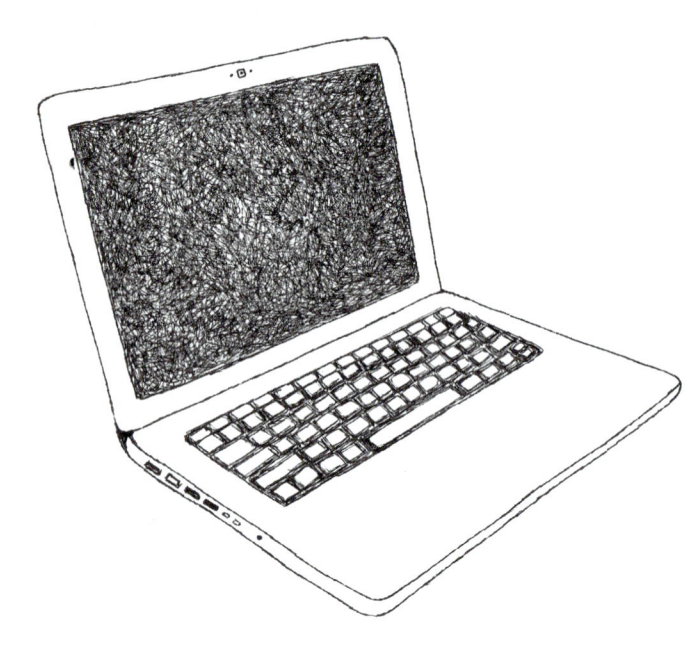

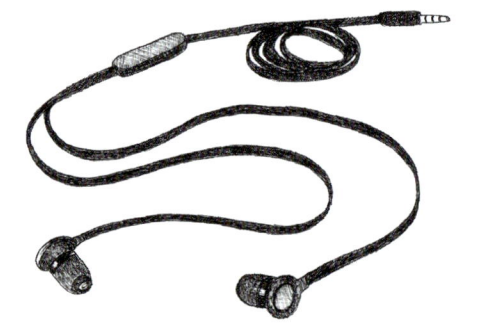

TRAVEL EDITION

Für Wartezeiten habe ich immer etwas zum Lesen dabei.

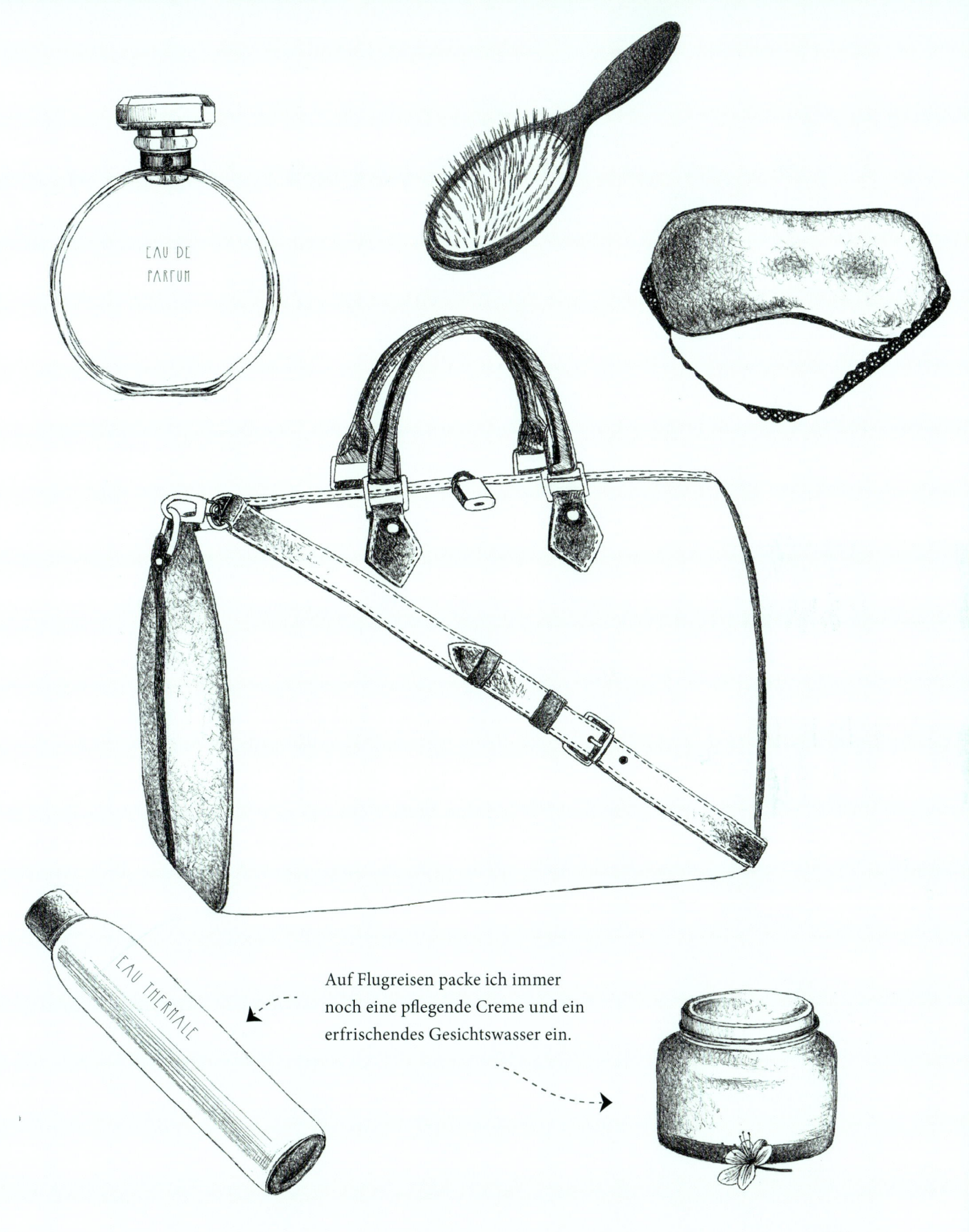

Auf Flugreisen packe ich immer noch eine pflegende Creme und ein erfrischendes Gesichtswasser ein.

• 211 •

Meine Community

DANKE!

START EACH DAY WITH A GRATEFUL HEART.

Wenn ich an meine Community denke, fällt mir ein einziges Wort immer und immer wieder ein – nämlich: DANKE, DANKE, DANKE …

WARUM MIR EURE NACHRICHTEN SO WICHTIG SIND

Die Nachrichten aus meiner Community begeistern mich immer wieder – egal, auf welchem Weg sie mich erreichen. Sie motivieren mich und zeigen mir, dass es richtig und sinnvoll ist, was ich mache. Ich bin immer wieder fast sprachlos, wenn ich tolle Geschichten von meinen Followern höre:

ES GIBT SO VIELE MÄDELS DA DRAUSSEN, DIE SICH INZWISCHEN STÄRKER, SELBSTBEWUSSTER UND GESÜNDER FÜHLEN.

Eine größere Bestätigung gibt es für mich einfach nicht. So merke ich doch immer wieder, wie ähnlich wir uns eigentlich sind. Und dafür möchte ich euch allen einmal DANKE sagen … und für die Briefe und Geschenke im echten Leben, aber auch in den sozialen Medien. Es ist unglaublich, wie viel Mühe sich meine Follower geben. Meine geposteten Fotos werden oft nachgezeichnet. Wenn ich das sehe, like und kommentiere ich das gern, um wenigstens ein bisschen zurückzugeben. Also ganz, ganz herzlichen DANK für die ganzen Reposts, Zeichnungen, die erstellten Collagen und die lieben Texte!

EUER FEEDBACK IST MEINE INSPIRATION

Ich würde mich gern bei jedem für die Unterstützung, die Kommentare und das Feedback bedanken. Das Feedback ist so wichtig, denn nur so weiß ich, welche Themen meiner Community gefallen und was ich mal Neues ausprobieren sollte. Ich freue mich sehr, zu lesen, dass jemand seine Ernährung anhand meiner Postings umgestellt hat oder meine Workouts in seinen Alltag integriert hat. Für meine geplanten Projekte ist es enorm wichtig, eine Resonanz aus der Community zu erhalten. Wenn ich beispielsweise merke, dass eine Idee supergut ankommt, motiviert mich das, genau daran weiterzuarbeiten.

WAS MAN ÜBER KRITIK WISSEN SOLLTE

Grundsätzlich ist mir Kritik wichtig, denn ich möchte mich jeden Tag weiterentwickeln und verbessern. Natürlich werde ich neben konstruktiver Kritik auch mit unbegründeten Beleidigungen oder »Hate«

konfrontiert. Das gehört gerade bei Social-Media-Persönlichkeiten dazu und man muss lernen, das für sich zu verpacken. Bei mir hält sich das aber Gott sei Dank in Grenzen und diese Kommentare und Personen werden dann entweder ignoriert oder blockiert. Da ich damit aber ziemlich gut umgehen kann und diese Worte nicht zu sehr an mich heranlasse, ist das generell kein großes Thema für mich.

DEFINITIV WICHTIG IST, ÜBER KONSTRUKTIVE KRITIK NACHZUDENKEN UND SICH ZU FRAGEN, OB MAN DADURCH ETWAS AN SICH VERBESSERN KANN.

Hate hingegen darf einen nicht verletzen oder darf nicht dazu führen, dass man an sich zweifelt. Oft kommt Hate von Personen, die unzufrieden mit sich selbst sind und es gar nicht wert sind, zu viele Gedanken an sie zu verschwenden. Das ganze Mobbing- und Body-Shaming-Thema bezieht sich ja bekanntlich nicht nur auf Social Media, sondern auch auf Situationen außerhalb des Internets. In der Schule wird man beispielsweise leicht mit anderen verglichen, als »zu dünn« oder »zu dick« abgestempelt und man fühlt sich dadurch nicht akzeptiert. Dabei sollte man sich selbst immer lieben, sich schön finden und wertschätzen. Jede Frau ist auf ihre eigene Art und Weise schön. Und wenn man mit etwas unzufrieden ist, kann man daran arbeiten. Es gibt niemals einen Grund, seinen eigenen Körper zu verurteilen. Sei selbstbewusst und stark! Und wenn du das deinen Mitmenschen zeigst, bietest du gar keine Angriffsfläche mehr.

SPRICH MICH GERN AN!

Wenn es möglich wäre, würde ich gern jeden Einzelnen persönlich kennenlernen. Apropos: Ich sage es nicht einfach so, ich möchte meine Community wirklich möglichst oft treffen. Wenn du mich auf der Straße siehst, dann würde ich mich freuen, wenn du mich ansprichst. Also, keine Scheu! Ich weiß selbst noch, wie aufgeregt ich war, als ich meine Idole auf einmal live gesehen habe. Aber dass sich jemand so darüber freut, mich zu treffen – das hätte ich mir nie vorstellen können. Ich werde oft gefragt, ob ich häufig erkannt werde – und mittlerweile muss ich das bejahen. Dennoch kann ich mich überall ziemlich frei bewegen.

EINIGE AUS MEINER COMMUNITY HABE ICH AUCH SCHON MEHRFACH GETROFFEN UND DAS WAREN JEDES MAL GANZ TOLLE ERLEBNISSE.

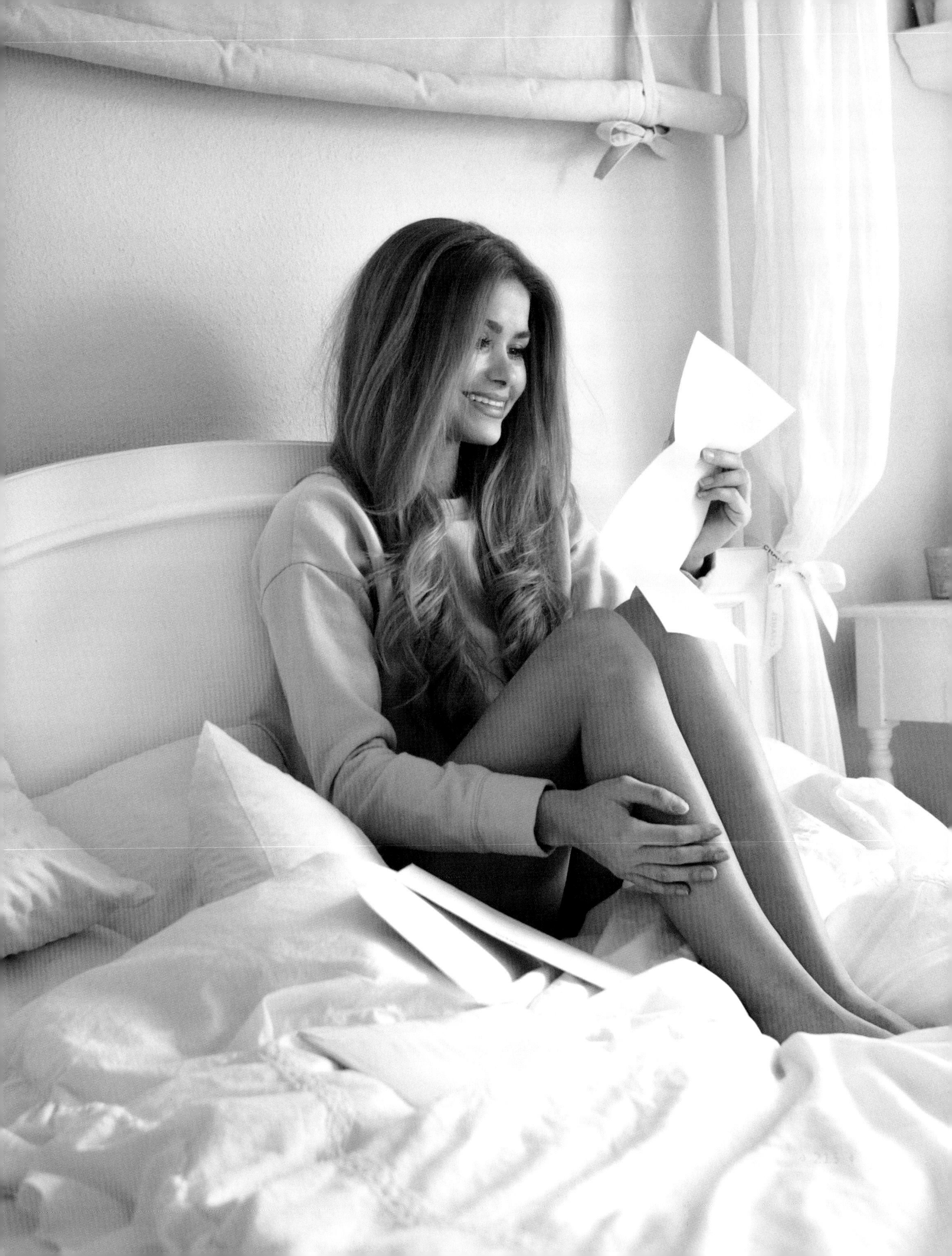

Meine Inspiration

AUGEN IMMER AUFHALTEN

BE A VOICE NOT AN ECHO.

Das halbe Leben dreht sich um Inspirationen. Als kleines Mädchen wurde ich von meiner Familie, vor allem von meiner Mama, inspiriert. In meiner Spielzeugküche habe ich versucht, genauso gut zu kochen wie sie. Immer wenn meine Mama sich gestylt hat, wollte ich unbedingt das Gleiche ausprobieren. Ich habe denselben Lidschatten und denselben Lippenstift verwenden wollen. Und von der Kleidung und den Schuhen fangen wir gar nicht erst an!

WARUM ES GUT IST, SICH INSPIRIEREN ZU LASSEN

Kinder lernen so viel durch das Beobachten: Warum ändert sich das im Laufe der Jahre? Sich an jemandem ein Beispiel zu nehmen, ein Vorbild zu haben ist immer so negativ belastet. Es wird oft mit Nachmachen in Verbindung gebracht. In meiner Schulzeit wurde immer darüber gelästert, ob jemand einen anderen kopiert. Das finde ich so schade, denn es gehört zum Prozess der Selbstfindung. Auch ich habe mich ausprobiert und mich ganz sicher auch von Schulfreundinnen inspirieren lassen. Ich bin froh, dass es auch jetzt durch Fashion-, Beauty- und Fitness-Accounts sehr, sehr viele verschiedene Inspirationsquellen gibt. Jeder ist individuell, genau wie sein Stil. Als in den 70er-Jahren Schlaghosen im Trend waren, hat sie jeder getragen. Die Menschen ließen sich vor allem von Stars inspirieren. Das gleiche Phänomen gab es in den 80ern mit Schulterpolstern. Das wären beides übrigens nicht so ganz meine Trends gewesen! Ich bin froh, in der Jetztzeit zu leben, in der jeder trägt, was ihm gefällt.

Ich halte jeden Tag, egal, wo ich bin, die Augen auf und beobachte viel. Eine ganze Stadt, ein Viertel oder eine einzelne Person kann eine riesige Inspirationsquelle sein. Es gehört zu unserem Naturell, dass wir uns weiterentwickeln wollen, und so verändert sich auch unser Stil. Es wäre doch auch langweilig, das ganze Leben lang einem Stil treu zu bleiben, oder? Es gehört dazu, sich auszuprobieren – ob es Kleidung, Make-up oder Haarfarbe betrifft. Bei Letzterem bin ich persönlich aber zugegeben echt nicht so experimentierfreudig …

WAS ALLES INSPIRATIONEN SEIN KÖNNEN

Zurück zum Thema, was Inspirationen eigentlich sind. Inspirationen beziehe ich nicht automatisch nur auf das äußere Erscheinungsbild, sondern auch auf Persönlichkeiten.

ICH LIEBE ES, NEUE LEUTE KENNENZULERNEN, IHRE LEBENSGESCHICHTE ZU HÖREN UND MICH VON IHREN ERFAHRUNGEN UND GESCHICHTEN INSPIRIEREN ZU LASSEN.

Auf Events quatsche ich teilweise stundenlang mit Personen, die ich vorher kaum oder gar nicht kannte. Aber du musst keine Social-Media-Persönlichkeit sein, um interessante Persönlichkeiten zu treffen. Gibt es jemanden in deinem Bekanntenkreis, auf deiner Schule, in deiner Verwandtschaft oder an deinem Arbeitsplatz, den du interessant findest? Denn Vorbilder müssen keine Superstars sein. Die nette Nachbarin kann auch ein Vorbild sein, weil sie wirklich immer gut gelaunt ist!

SOCIAL MEDIA – MEINE GRÖSSTE INSPIRATIONSQUELLE

Durch die sozialen Netzwerke ist es möglich, das Leben von so vielen Menschen zu begleiten und zu beobachten, wie sie ihren Weg gehen und sich weiterentwickeln. Momentan sind für mich richtige Power- und Business-Frauen eine riesige Inspiration. Etwas vorausschauend folge ich auch vielen

Fit Moms, die tolle Kinder haben und trotzdem noch erfolgreich sind, trainieren und bodenständig bleiben. Wirklich toll, wie man alles unter einen Hut bringen kann. Natürlich ist Social Media auch eine Inspirationsquelle für das Äußere. Ich folge sehr vielen Fashion-Bloggern. Ich schaue dabei auch die Bilder mancher Blogger an, die eigentlich gar nicht wirklich meinem Stil entsprechen, aber mich dennoch inspirieren. Ich mag es, wenn man sich mal etwas Außergewöhnliches traut und diese Looks mit Selbstbewusstsein und Stärke trägt. Ich followe auch vielen jungen, talentierten Fotografen, deren Bilder ich liebe. Dabei lasse ich mich von Locations, Posen, Lichtern oder Techniken der Bildbearbeitung inspirieren. Viele Reiseziele habe ich mir schon auf meine Bucket-List geschrieben. In Los Angeles gibt es beispielsweise diese berühmten Street-Arts mit Engelsflügeln. Ich habe das bei einer Bloggerin gesehen und wollte dort unbedingt auch ein Foto in dieser Art schießen. Das Foto gehört bis heute zu meinen absoluten Lieblingsbildern!

Auch was Ernährung oder Fitness angeht, entdecke ich vieles auf Instagram oder Pinterest. Neue Workouts, einzelne Fitnessübungen, Food-Trends und Rezepte möchte ich immer direkt ausprobieren.

INSPIRIERT DEN EIGENEN WEG FINDEN

Aber auch wenn ich mich von anderen Personen inspirieren lasse, ist es mir wichtig, meinen eigenen Weg zu gehen. Ich hatte dafür kein einzelnes, richtiges Vorbild. Ich hatte Vorbilder für meinen Sport, für meine Ernährung, für meinen Stil und für Reisen. Meine Entscheidungen über die Zukunft habe ich aber von niemandem abhängig gemacht. Ich habe auf mein Herz gehört! Nur weil jemand, den du toll findest, einen bestimmten Beruf ausübt, musst du das nicht auch tun.

Das Gleiche gilt für die gesamte Gesellschaft. Nur weil es vielleicht der Norm entspricht, einen bestimmten Weg zu gehen, heißt das nicht, dass es für dich der richtige ist. Schau, was dir wirklich gefällt, was dir auf lange Sicht Spaß macht und wo du dich selbst siehst. Und wenn du dafür ein wenig länger brauchst, ist das auch nicht dramatisch. Nimm dir ein paar Monate Zeit, um dich selbst kennenzulernen und um dich selbst zu finden. Schlussendlich zählt nur, dass du mit deiner Traumbeschäftigung erfolgreich wirst, und nicht, dass du nahtlos von der Schule in dein Studium gesprungen bist.

Wenn du dir nicht sicher bist, ob das wirklich »dein« Weg ist, kannst du dich einfach fragen, ob du dir vorstellen könntest, diesen Beruf oder diese Tätigkeit noch in 3 Jahren auszuüben. Ist die Antwort »nein«? Dann macht dich dieser Weg wahrscheinlich nicht glücklich. Niemand sollte tagtäglich einen Beruf ausüben, der einen nicht erfüllt.

Also: Finde dich selbst, sei diszipliniert und gehe deinen eigenen Weg.
Lebe dein Leben so, wie es dich glücklich macht!

Meine Träume

ZUKUNFTSPLÄNE

THE BEST IS YET TO COME.

Mein Leben ist gerade jetzt ein Traum, den ich niemals hätte kommen sehen. Ich kann nicht behaupten, dass es ein Traum ist, der in Erfüllung gegangen ist. Schließlich habe ich nie erwartet, dass ich heute so ein Leben führen würde. Ich mache genau das, was ich am liebsten mag, und erreiche damit Millionen Menschen. Es gab natürlich auch Momente, in denen ich etwas Angst vor dem hatte, was auf mich zukommt. Aber wenn man Neuem gegenüber offen ist, kann man eigene Unsicherheiten überwinden und jede Chance in irgendeiner Art und Weise positiv nutzen.

WAY OF LIFE

Es gibt ja Menschen, die alles planen und genau vor Augen haben, wie ihre Zukunft ganz konkret aussehen soll. Zugegeben: Ich bin gar nicht so. Ich bin eigentlich eher jemand, der vieles auf sich zukommen lässt. Vielleicht klingt das komisch, weil ich ja irgendwie schon einen Plan haben sollte, aber ich möchte mich auch zum Teil vom Leben überraschen lassen. Natürlich mache ich mir dennoch Gedanken über meine Zukunft und darüber, wie mein Leben auf lange Sicht aussehen könnte oder sollte. Unser Umfeld hat einen sehr großen

Einfluss auf uns und die Gesellschaft gibt meistens vor, wie bestimmte Dinge im Leben abzulaufen haben: 1. Schule, 2. Ausbildung oder Studium, 3. Jobsuche, 4. Familiengründung und die Liste geht weiter. Alle Steps sollte man auch noch am besten so erfolgreich wie möglich absolvieren. Du siehst, schon nach Punkt 1 sieht mein Lebensablauf ganz anders aus – und das finde ich auch toll. Für mich ist der Zeitpunkt für ein Studium einfach nicht der richtige gewesen, ich habe sozusagen die Jobsuche vorgezogen, wobei der Job und ich uns eher zufällig gefunden haben :)

WARUM EINE ORIENTIERUNGS-PHASE SINNVOLL IST

In den letzten Jahren war ich sehr oft im Zwiespalt mit mir selbst wegen meiner Zukunft. Sollte ich mich lieber in ein Studium stürzen, weil das jeder von mir erwartet, oder mich doch lieber auf meinen Instagram-Account konzentrieren und gucken, wohin die Reise geht? Die große Resonanz auf mein Profil hat mir schlussendlich die Entscheidung relativ leicht gemacht und so kommt es, dass ich einen ganz anderen Weg im Leben eingeschlagen habe. Vielen ist jedoch nicht bewusst, dass ich dafür sehr hart gearbeitet habe und das weiterhin tagtäglich tue. Ich halte es generell für sinnvoll, sich nach der Schule Zeit zu nehmen, um sich erst einmal zu orientieren. Manch einer wird behaupten, dass das verlorene Zeit sei, aber das sehe ich nicht so. In der Schule gewöhnt man sich an einen bestimmten, geregelten Ablauf, an die gleichen Gesichter, die man jahrelang Tag für Tag sieht, und auch an bestimmte Weltansichten. Viele wissen nach der Schule auch gar nicht, was sie am besten studieren sollten oder welche Ausbildung am geeignetsten wäre. Da können ein Tapetenwechsel und neue Erfahrungen sehr gut weiterhelfen.

I DO IT MY WAY

Ich habe nach der Schule erst einmal wirklich das Leben in vollen Zügen genossen und das gemacht, worauf ich Lust hatte – also hauptsächlich meinen Instagram-Account gepflegt, mir schöne Inhalte überlegt, Pläne geschmiedet und Erfahrungen gesammelt. Ich bin sehr, sehr froh, dass ich mich dazu entschieden habe, denn heute kann ich mir gar nicht vorstellen, »nur« zu studieren, um später in einem 9-to-5-Job zu arbeiten. Das heißt nicht, dass ich nicht verstehen kann, dass das für viele Menschen genau das Richtige ist, aber für mich persönlich wäre es nichts. Ein geregelter Ablauf gibt einem natürlich viel Sicherheit, aber ich liebe einfach die Abwechslung, die mir mein Job gibt, und die Selbstständigkeit, die er verlangt.

ICH GENIESSE JEDEN TAG UND WEISS, DASS DER NÄCHSTE NIE GLEICH SEIN WIRD.

Trotzdem bleibt es ein großes Ziel von mir, mich ständig weiterzuentwickeln. Ich möchte niemals auf einer Stelle stehen bleiben. Ich liebe Mathematik und analytisches Denken und werde das auf jeden Fall auch in Zukunft nicht aus den Augen verlieren, denn ein Studium an sich habe ich für einen späteren Zeitpunkt nicht unbedingt ausgeschlossen.

MEINE VORSTELLUNG VON EINER GLÜCKLICHEN ZUKUNFT

In meiner ganz persönlichen Traumzukunft, etwa 10 Jahre von heute entfernt, wohne ich in einer schönen Stadt, habe vielleicht sogar schon eine kleine Familie und kümmere mich um mein eigenes Unternehmen. Ich würde sehr gern etwas Eigenes gründen, vielleicht einen Shop wie den meiner Eltern, nur online. Ich würde dort gern meine eigenen Produktlinien und Kollektionen verkaufen. Aber wer weiß, vielleicht sieht es in 10 Jahren auch ganz anders aus. Egal, was ich heute oder in 10 Jahren mache, ich weiß, dass ich mich auf einige wenige Dinge konzentrieren und mich immer anstrengen werde, diese sehr gut zu machen. Viele Sachen auf einmal anzugehen und dann alles nur mit halber Power – das ist gar nicht meins. Wennschon, dennschon!

Es macht mir jetzt schon viel Spaß, mit vielen Personen an verschiedenen Projekten zu arbeiten. Ich lerne dabei superviel und in meiner Zukunft will ich das keineswegs missen. Projekte zu planen und mit Ehrgeiz Sachen voranzubringen ist definitiv etwas, was ich liebe. Ich träume aber auch von einem glücklichen Familienleben wie das, was mir meine Eltern als Kind geschenkt haben. Am liebsten hätte ich auch 2 Kinder und ich würde sehr darauf achten, genug Zeit mit ihnen zu verbringen. Aber meine Arbeit und Instagram oder eher gesagt mein Online-Profil (Wer weiß denn, ob es Instagram in 10 Jahren noch in der Form gibt?) würde ich nicht aufgeben wollen. Ich könnte ja auch eine Fit Mom werden und weiterhin Frauen da draußen motivieren :) Definitiv ist mein allerwichtigstes Ziel im Leben, glücklich zu sein. Das klingt vielleicht sehr utopisch und ist auch kein einfaches Vorhaben, aber ich möchte immer zufrieden mit dem sein, was ich mache.

IMPRESSUM

© 2017 Community Editions GmbH
Weyerstr. 88-90
50676 Köln

Alle Rechte der Verbreitung, auch durch Film, Funk, Fernsehen, fotomechanische Wiedergabe, Tonträger aller Art, auszugsweisen Nachdruck oder Einspeicherung und Rückgewinnung in Datenverarbeitungsanlagen aller Art, sind vorbehalten.

Die Inhalte dieses Buches sind von Autorin und Verlag sorgfältig erwogen und geprüft, dennoch kann eine Garantie nicht übernommen werden. Eine Haftung von Autorin und Verlag für Personen-, Sach- und Vermögensschäden ist ausgeschlossen.

Texte: Pamela Reif
Layout, Design & Illustration: BUCH & DESIGN Vanessa Weuffel
Satz: BUCH & DESIGN Vanessa Weuffel
Lektorat: All you can read – Kreativ-Agentur Anke Hennek
Projektleitung & Redaktion: Yasmin Reddig
Redaktion: Denise Nonnast
Foodstyling: Mirja Hoechst

Bildnachweis: © Lina Tesch: Cover-Abbildungen, Seiten 2, 7, 9, 19, 21, 23, 25, 29, 35 o.r., 37, 38, 39, 45, 46, 51, 52, 73, 84, 89, 109, 110, 112, 113, 114, 115, 117, 119, 121, 123, 124, 125, 127, 134, 135, 139, 141, 147, 150, 154, 157, 159 u.l., 160, 161, 164, 175 u.l., 180, 189, 190 o.l., 191, 194, 196, 197, 200, 201, 205, 217 o.r., 218, 221 u.l., 222, 223, © Mirja Hoechst: Seiten 54-72, 74-83, 86, 87, 90-95, © Daniela Unrau: Seiten 17, 128, 132, 133, 140, 159 o.r., 162, 168, 169, 170, 175 o.r., 190 o.r., 192, 202, 203, 213, 217 u.l., © Manuela Reif: Seiten 11, 12, 13, 14, 15, 27, 207, 208, 209, 221 o.r., © Privat: Seite 11 u.l. © Dennis Reif: Seiten 20, 30, 32, 33, 35 u.l., 40, 41, 42, 97-107, 120, 145, 149, 166, 172, 173, 183, 185, 215, © Emrah Bayka: Seiten 176-179, © Pamela Reif: Seiten 187, 198

o.r. = oben rechts
u.l. = unten links
o.l. = oben links

Gesamtherstellung: Community Editions GmbH;

Standard-Edition: ISBN 978-3-96096-001-0
Special-Edition: ISBN 978-3-96096-007-2

Printed in Poland

www.community-editions.de

ABKÜRZUNGEN:
EL = Esslöffel
g = Gramm
ml = Milliliter
L = Liter
TL = Teelöffel
KCAL = Kilokalorie
KJ = Kilojoule
F = Fette
E = Eiweiß
KH = Kohlenhydrate